「この人から買いたい！」と思わせる技術

契約率・売上を倍増させる合意形成力 虎の巻

鷹尾 豪

GENTOSHA

はじめに──「心が折れない営業マン」になろう

最近、営業マンのこんな悩みをよく聞きます。

「お客さんに足元を見られてばかりです。営業に向いていないのでしょうか……」

「断られると、人格否定された気がします」

「お客さんと話は盛り上がっているはずなのに、クロージングができません」

営業ノルマはほとんど未達、提案はスルーされる、気持ちよく買ってもらえたことがない。月末になると、上司から「君には、『売ろう！』という気概が足りない！」と厳しい「指導」……。そんな状況が続くと、誰だって心が折れてしまいます。

ですが、安心してください。それはあなたが営業に向いていないからではありません。単に「合意形成力」をうまく使えていないだけだからです。

「合意形成力」は営業マンにとって大切な要素です。「合意形成力」とは、最終的にクライアントから「YESをもらう技術」なのです。

ビジネスにおける「合意」は、あなたが決めるというよりは、相手（クライアント）が決めるものです。したがって、「こちらの意図する方向で、いかにクライアントからYESをもらうか」が重要になります。

ビジネスの世界では、売り手は高く売ろうとし、買い手は安く買おうとします。見解の衝突、要望の空回り、かけひきばかりです。「交渉は苦手」という方も多いのではないでしょうか。

ですが、ポイントがわかれば、利害が対立していても合意形成はそんなにむずかしいことではありません。いかに短い対話で相手と合意形成ができるかが重要であり、最初の1時間の商談の密度が結果を左右するとわたしは考えています。といっても、その効率を上げ、密度を高めるために重要なポイントはたった3つしかありません。

A　誰の言うことなら聞けますか？

B　嫌いな人から買えますか？

C　買うのを決めるのは誰ですか？

この3つのポイントをよく理解することです。そして、そのために必要となるのが、本書で説明する6つのスキルです。

本書では、これらのスキルとそのテクニックを詳しくご紹介していきますが、この6つのスキルがどのようなものか正しく理解することがとても重要です。そのうえで、これまでの行動を少し変えることで、誰にでも身につけることができます。

この合意形成力は、年収とも相関関係があります。わたしが行った約2万人への調査では、合意形成力の高い人ほど年収も高いという結果が得られています。つまり、市場価値が高まることがすでに証明されたスキルということです。

そして、もうひとつ。わたしがいつも営業マンのみなさんにお伝えしていることのひとつに「合意形成はゲームである」という考えがあります。結果が出るから仕事を楽しめるのではなく、ゲームのように仕事を楽しむ人に、結果がついてくるのです。そして結果が出るとさらに仕事が楽しくなる。会社の業績はもちろん、あなたの評価や収入も必ず結果がついてきます。

あなたの素晴らしい未来を開拓するこのスキルを、ぜひ楽しみながら身につけて「心が折れない営業マン」になっていただきたいと思います。

○本書に登場する用語について

本書では合意形成に関する用語が出てきます。初《しょ》っ端《ぱな》から「マウントスキル」という使い慣れない用語が登場します。格闘技などで「マウントをとる」といった使い方をされますね。強引に主導権をとるイメージで、ビジネスの世界ではそぐわないネガティブな感じがしますが、ここでは「相手から信じられる技術」という意味です。

合意形成に関する6つのスキルが使い慣れず、違和感がある場合は、次のように読み替えていただければ幸いです。

マウントスキル……………「信じられる技術」
リーディングスキル…………「優位に立つ技術」
アナリティカルスキル……………「本音をあぶり出す技術」
グリップスキル……………「心をつかむ技術」
アジャストスキル……「ベクトルを合わせる技術」
クロージングスキル……「YESをもらう技術」

「この人から買いたい!」と思わせる技術　目次

第1章 信じられる技術 マウントスキル

第2章

優位に立つ技術 リーディングスキル

第3章

本音をあぶり出す技術 アナリティカルスキル

第5章 ベクトルを合わせる技術▼アジャストスキル

LEVEL UP!

第6章 YESをもらう技術 クロージングスキル

カバーデザイン　石川直美（カメガイ デザイン オフィス）
本文デザイン・ＤＴＰ　美創
編集協力　編集企画シーエーティー
末澤寧史
池田佳世子

第1章

信じられる技術

マウントスキル

MOUNT SKILL

あなたの考えや経験にあてはまる項目に チェックを入れてください。

□ 相手に信じてもらえるかどうかは、自分の人格にかかっている

□ 仕事でキャラクターをつくって演じることに、あまり必要性を感じたことがない

□ 会話で話すことと聞くことを比べると、だいたい話すことのほうが多い

□ 対話スタイルよりも、プレゼンスタイルの営業が多い

□ 営業では相手が気を悪くしないよう、相手に合わせることが重要だ

×

前ページの項目にチェックが多く入るほど
あなたの理解が間違っていて、
相手から信じられないということを意味します。

「あなたの利害」が相手に警戒されている

わたしは営業マンを相手にセミナーをすることがよくあります。そのとき、冒頭にこんな質問をします。

「わたしは朝ご飯にパンを食べました。この話を信じますか？」

会場ではほぼ100％の人がこの話を信じて、手をあげます。

続けて、わたしはこんな質問をします。

「わたしが今日する話は絶対にあなたの役に立ちます。この話を信じますか？」

すると、手をあげる人は30％に減ります。

70％の人たちが手をあげないのには理由があります。つまり、**わたしが「絶対に役に立つ」と言ってもそれは主観的な解釈にすぎないかもしれない。「あなたは『絶対に』と言うけど、自分にも本当に役に立つのか？」と。その可能性をみなさんは警戒している**わけです。要は、信じられていないのです。

営業面談でも同じです。とくに面談の初期段階では、お客さまはわたしたち営業マンのことを信じていないのがふつうです。わたしたちが「売りたい」「売らねば」という利害をもっていることを相手は知っているからです。警戒しているのです。その状態でついつい「正直これは安いと思います」「貴社のお力になりたいです」「導入リスクはありません」と売り込みを行い、さらなる相手の不興を買っているわけです。そう考えると、少しゾッとしませんか？　簡単に言えば、あなたは、ウソつきだと思われているということです。

〝あなたの利害の見え方〟が相手から信じてもらえない要因になる。この理解がとても重要です。あなたが本当にウソつきかどうかは関係がありません。「相手から見えるあなたの利害」が相手に警戒されている、という状況なのです。

では、どうすれば相手に信じてもらえるのでしょうか？

相手の警戒心を解き、〝対話の伝導率〟を上げろ

ここで、2つのスキルをご紹介します。

①信じられる技術＝マウントスキル
②優位に立つ技術＝リーディングスキル

この2つの技術を身につければ、あなたは営業を圧倒的に「やりやすい！」と感じることができるようになるでしょう。

まず「①信じられる技術＝マウントスキル」から説明しましょう。「マウント」と聞くと、弱い相手から強引に主導権を握るようなネガティブなイメージもあるかもしれません。しかし、ここでいうマウントスキルは、「相手から信じられるための技術」です。相手から信じられると、とろうとしなくても自然とマウントがとれている、

という状態になります。この状態になると、相手と効率の良いコミュニケーションを行うための重要な基礎ができます。これが効果です。

さらにこのスキルは、営業職を楽しむためのスキルになっていきます。相手から信じられていると感じて、やりがいを感じない人はいないからです。

営業で成果を出すには、クライアントのYESをもらうことが必要だと言いました。つまり、最終的に契約書にハンコを押してもらわなければいけません。とはいえ、面談初日に成約に至るというのは、よほどの実力か、訪問先にすでに明らかなニーズがなければ難しいでしょう。あなた自身が初対面の人間の話をどれくらい信じるかを想像すれば、その難易度はおわかりいただけると思います。

ですから、最初のステップは、何といっても相手の警戒心を解き、自分を信じてもらうこと。相手が信じてくれていなければ、何を伝えてもムダになってしまいます。相手が自分の話を信じてくれる、という状態をつくる必要があるのです。

これを〝対話の伝導率〟が上がっている状態といい、その伝導率を上げるためのスキルが、この章で紹介するマウントスキルです。

そして、「②優位に立つ技術＝リーディングスキル」の獲得によって、あなたは文字通り商談をリードできるようになります。「商談をコントロールできる！」という安心感と喜びは、あなたの仕事観を劇的に変化させます。いつも良好なコンディションで勝負できるからです。マウントスキルを獲得することで、きっとあなたは営業ノルマを忘れ、心から営業という仕事を楽しむことができるようになるでしょう。

商談をあなたのコントロール下に置くには？

「テレアポや飛び込みでやっとの思いで商談にこぎつけたのに、相互理解までたどり着けず、断られてばかり。なぜこんなにも、お客さんに振り向いてもらえないのか……」

そんな営業マンの嘆きを何度となく聞いてきました。ですが、いくらあなたが「この商品はお買い得です！」と力説しても、相手があなたを信じていなければ、振り向いてはもらえません。実際、どんなに良い商品であっても、どれだけあなたが正しいことを言っていても、「初対面で売りつけにきた営業マン」と警戒されるだけです。

交渉は、極端に言えば **〝相手に信じさせるための演技の化かしあい〟** です。そのなかで信用性の高いほうが優位に立ち、主導権を握るのです。その観点で見ると、相手から信じられていないということは、その時点で、あなたの負けを意味します。

逆に、相手に信じられていれば、さほど必要のないものでも「あなたが言うなら買ってみよう」と売れてしまうことがあります。これは、交渉上はあなたの勝ちを意味します。言い方を変えると、交渉では「信じさせたほうが勝ち」なのです。

営業マンとして成果を出すには、あなたはあくまで相手に信じられなければいけません。１００％信じさせることができれば理想ですが、まずは51％を目指しましょう。自分が相手を信じるより１％でも多く相手が自分を信じれば、相手より優位に立つベースができます。

まずはマウントスキルで「相手から信じられる」というベースをつくり、次のステップで「相手より優位に立つ」ことができるようになります。その結果、「商談があなたのコントロール下にある」という状態をつくることができるのです。これは順番が逆だとうまくいかないので、注意してください。相手から信じられるというベースがないところで優位に立とうとすると、相手の警戒心が増し、信じられる状態から遠ざかることになります。

マウントは、営業の「迫力」そのものとなる

マウントスキルは、合意形成の6つのスキルすべての土台となるものです。マウントが弱いと、他のスキルを正しく使っていても効果が目減りします。

わたしがここで「マウントをとる」と言うとき、ビジネスの利害が対立する環境下で相手から信じられることにより合意形成しやすくする、という意味で使っています。簡単に言えば、「この人はすごい」「尊敬できる」「この人の言うことは信じられる」と思わせることです。

営業の場面でマウントをとれていないと、同じ言葉を投げかけても相手に刺さる確率が低くなります。同様に、相手のことを知りたいと質問をしても、その意図は警戒され、回答は本音から遠ざかります。さらには、相手と商談の目的のベクトルを合わせようとしても、相手の危機感を煽《あお》ろうとしても、スムーズにいきません。

マウントは営業において、「迫力」を意味します。マウントスキルは、相手から信じられるために一生懸命相手に働きかける、というようなものではありません。信じさせるためにいかに相手に迫力を感じさせられるかがキーポイントとなります。相手があなたに迫力を感じて初めて、あなたは相手から信じられるのです。

「相手から信じられることが大事」と言うと、「だれにでも尊敬される人格者にならなければいけないの？　自分にはハードルが高い……」と感じる方もいるかもしれません。しかし、営業や交渉の場では人格者になる必要はまったくありません。人格者として「信じられる」という受け身の状態ではなく、スキルによって能動的に「信じさせる」技術だからです。

心が折れそうになっても大丈夫！

営業という仕事はつらいものです。ノルマが達成できない、お客さまにそっけなく断られる、厳しい値引き交渉に対応しなければならない……、心が折れそうになることがしばしばです。仕事を変えたくても変えるわけにはいかない。どうすればいいのか、悶々《もんもん》とすることがあります。

そのように感じる方は、「鎧《よろい》」を着るのです。

営業の世界では、人格が素晴らしい人が信じられるとはかぎりません。実際のところ人としてどうかというよりも、相手が感じる印象で信じるかどうかが判断されているのです。この印象づくりを可能とするのが「鎧を着る」という行為です。つまり一貫性のあるキャラクターを演出するのです。

日常生活を振り返っても、わたしたちは相手のことをさほど知らなくても、肩書きやステータスなどを見て「すごい」「信用できそう」と感じることがあります。たとえば社長や部長、コンサルタントという肩書きがあると、その実態はわからなくても、周囲から一目置かれます。フェラーリやポルシェに乗っていれば、実際は借金だらけでも「お金持ち」と思われるでしょう。これがわかりやすい「鎧」の例です。

つまり、こと営業に関して言えば、信じられるために重要なのはあなたの内面的な人格より、外面や振る舞い、もっと言えば相手のもつ印象なのです。その特性をよく理解し、自分の「鎧」をつくり、あなたというキャラクターを演出すれば、相手に信じられる状態をつくり出すことができるようになります。

一貫性のあるキャラクターの鎧を着なさい

あなたは営業マンとして、鎧となるキャラクターをもっていますか？

ポイントは、そのキャラクターが隙なく一貫性をもっていることです。お客さまは一貫した印象をもてない営業マンを信じることができないからです。

というのも、人は変化する相手に不信感を抱くからです。相手のもつ多面性の、どの側面を信じたらよいかがわからなくなるのです。たとえば、自分が営業の立場だったときに、お客さまには低姿勢なのに、レストランの店員には横柄な態度をとる人をあなたは信じられるでしょうか？　きっと不信感を抱くはずです。

そこでポイントになるのが、〝不変〟の演出。自分のキャラクターは一貫してブレないということを演出するのです。「あの人はどんなときも、オーバーにものを言わない」「あの人は相手が誰でも態度が変わらない」――そういったイメージを一定にする必要があります。人間が多様性を内包した存在であるからこそ、キャラクターを一定にするための手段、「なりきり鎧」が絶対に必要なのです。

これは、あなたの営業のブランディングであり、デザインでもあります。その実践のためには、まずは「とにかく売れればそれでいい」「契約は誰でもとれればいい」という陥りがちな考え方を捨てましょう。WHY（なぜ売るのか?）、WHAT（何を売るのか?）、HOW（どのようにして売るのか?）の3つを常に自分に問いかけ、自分の軸がブレないようにすることが重要です。

たとえば、店舗ビジネスが厳しい時代だからこそ、お客さまの創意工夫を支援したい（＝なぜ売るのか?）。そのために賃料の値下げ交渉というサービスを売っている（＝何を売るのか?）。それをただの相場にもとづくコストダウンとは思ってほしくないので、基本的には紹介制で行っている（＝どのようにして売るのか?）、といった具合です。

この基本設定ができたら、次はキャラクターを使ったパーソナルブランディングに移ります。「なりきり鎧を着る」ことでキャラクターを一定にし、相手から見て自分がわかりやすく、一貫性があるように演出していくのです。この一貫性が「迫力」の源となります。

使える！　3つのなりきり鎧＝キャラクター

鎧を着るときに重要なのは、

・どんなキャラクターをつくるか
・いかにうまく演じるか

の2つです。

まず、営業マンとしてつくりやすく、かつ使いやすいキャラクターのパターンを3つご紹介します。もちろん、複数のキャラクターを同じ相手に併用してはいけません。

（例1） 素朴で人当たりの良い体育会系キャラ　なりきり難易度★★☆☆☆

【特徴】

基本的にNOと言わないポジティブ未来志向派。長いセリフをしゃべれない。あまり考えずにものを言う。序列を常に意識しており、立場の関係性を逸脱しようとは決してしない、飾らない素朴なキャラクター

【よく使うフレーズ】

「すみません！」「どうしましょう？」「おっしゃる通りです」「さすが、○○さま！」「難しいことはわかりませんが……」「私などは」「いま、頭が真っ白になりました」など

【効く相手】

経営者、年上、あるいは親分肌で、相手より優位に立つことを好む相手に効きます。また、クレーマーなど、高圧的な態度をとりたがる相手にも有効です。上手《うわて》に出ない

安心感で、相手に「かわいいやつだ」という印象を抱かせます。「おバカキャラ」がかわいがられるというのも、このパターンに近いものです。

このキャラクターでは「決して調子に乗らない」「沈黙を恐れない」「オーバーに言わない」という3点を貫くことが信じられるポイントとなりますので、注意してください。

(例2) 一人でも完結できる好奇心旺盛キャラ　なりきり難易度★★★☆☆

【特徴】

天然で、自己完結型のキャラクター。独り言が多く、感情を込めてセリフを言い、かつ思ったことは言ってしまうという、好奇心旺盛なキャラクター

【よく使うフレーズ】

「そりゃすごい(英語だとMarvelous)〜!」「え? どういうこと!?」「いやあ、ありがたい!」「ほっほお〜、そうでしたかぁ〜!」「げっ、失礼しました!」「そりゃ

いけませんね」「勘弁してくださいよ〜！」など

【効く相手】

このキャラクターが合うのは、飽き性だったり、テンポの良い会話を好む相手などです。いろんな場面で使うことができるキャラですが、テンションのコントロールには注意が必要です。いきなりフルスロットルだと相手は心のシャッターを下ろしてしまいますので、相手の親近感が上がっていくにつれて、テンションも上げていくとよいでしょう。

このキャラは「私はあなたには素の自分を見せている」という演出となり、発言が本音に聞こえます。相手はその「本音を語るあなた」を信じてくれるのです。しかし、「素」に見えるということは、ビジネスの場においては「失礼な奴」と思われるリスクもあります。失礼に当たらないギリギリを狙うバランス感覚が必要になります。

わたしは、営業相手がどんな人なのかを事前にひとつだけ聞けるとしたら、必ず「しゃべる人ですか？」と聞きます。事前情報や名刺交換で、話をしてくれなさそうな相手だとわかったら、このキャラの出番です。多くの営業マンが経験するであろう「全然話してくれない相手との面談」というつらい状況のときに、このキャラを使えば話しやすい空気をつくることができます。

このキャラの良いところは、好奇心の赴くまま、何度でも相手に質問することを許されるところです。何度も質問が続くと、相手は話しはじめることがほとんどです（もちろん、質問がうまくなければいけません。質問術は第3章で紹介します）。

（例3）沈着冷静な切れ者コンサルキャラ　なりきり難易度★★★★☆

【特徴】

経営コンサルタントのように客観的な物言いに徹し、何事も論理的に解釈しているキャラクター

【よく使うフレーズ】

「私も同感です」「そもそも」「今日のテーマは……」「お待ちください」「いったん整

理します」「お言葉ですが」「お聞き流しください」「問題の本質は○○ということではないでしょうか」「これで、話は出尽くしました」など

【効く相手】

このキャラクターは、「俯瞰的に物事を見て分析し、客観的な意見を述べること」を象徴的に「コンサルタント」と表現しているだけで、コンサルタントになりなさいということではありません。

このキャラクターが有効なのは、理系タイプ、新しい物事、斬新なアイデアや切り口が大好きな相手です。また、感情先行型で話をまとめるのが苦手な相手にも効きます。コンサルキャラを演じるときは、後ほど「営業トークはこう変える」の項目で紹介する「事実情報」と「解釈情報」の伝え方を明確に区別して話すことがポイントになります。

疑り深い相手のときもこのキャラクターで話すとよいでしょう。いわば、批評家のような相手です。疑り深い人というのは、相手の発言の意図を見ています。大げさだ

ったりあいまいだったり、不自然な態度だと取りつくろっているように感じ、発言の裏に本音を隠しているのではないかと疑うのです。事実情報とは、数字や結果など、誰が聞いても評価が変わらない客観的な情報です。それを淡々と述べると、相手は発言の「裏」を感じず、安心して話を聞いてくれるというわけです。

本物のコンサルタントのように多くの知識や経験がなくとも、事実情報を盛り込んだ会話でうまく演じられると、商談で絶大な効果を発揮します。最大の効果は、厳しいことでも言いたいことが言いやすくなるということです。

このキャラではズバリ、自分や相手にとって「厳しいこと」をあえて言うことで相手を信じさせます。相手の反応を窺《うかが》ったり、持ち上げてばかりでは相手に信じられません。自分は客観的に話しているという印象付けができると、警戒心でいっぱいの相手にも「この人の話は信じられる」という印象を与えることができます。

また、相手に意見する際には、相手の思い入れがあることや経歴など、プライドを傷つける可能性がある〝地雷〟は見極め、避けることもポイントです。相手の過去の行動を否定すると地雷を踏むことが多いので、「相手の行動は肯定し、認識を否定する」と覚えておくとよいでしょう。

また、後述しますが、クロージングに必要な要素として、相手の危機感があります。危機感を煽りやすいのもこのキャラです。ゆえにコンサルキャラはクロージングがしやすいキャラと言うことができます。

「素の自分」に近いほうが演じやすい

こうした鎧は、それぞれに個性があるため、交渉する相手によっては合う、合わないがもちろんあります。ですから、異なるキャラクターの鎧を複数もつことが重要になります。3パターンは演じ分けられるようにしておき、効く相手を見極めて使い分けるとよいでしょう。

なりきり鎧の選び方のコツは、まずは「素の自分」を活かしたキャラクターを考えること。たとえば、明るい人は「明るいキャラ」をビジネス用にカスタマイズすることができるでしょう。

ただ、ここで注意していただきたいのが、鎧をつくるうえで重要なのは「素の自分」そのものではないということです。「明るいキャラ」を選ぶなら、実際あなたが「明るいかどうか」が重要なのではなく、「明るく見えるかどうか」が重要なのです。営業上は、このキャラクターとしての自分を戦略的に演出することで、相手に信じられやすくするのです。

ただし、無理をして「素の自分」からかけ離れたキャラクターを演じると、なりきれず一貫性を保つのが難しくなるので要注意です。本当は暗い人が「明るいキャラ」を無理に演じても、見た目と振る舞いのギャップに、相手は違和感をもってしまいます。演じている本人もつらくなってしまうでしょう。ですから、なるべく「素の自分」を活かしたキャラをひとつはもっておいたほうがよいのです。

ここまで読んでみて、いかがでしょう？　まるで、ロールプレイングゲームのようではないでしょうか。実際に「営業はゲームである」と考えることが重要だとわたしは考えています。

営業に失敗したとき、自分の全人格を否定されたような気持ちになってしまう人はいないでしょうか？　それは「素の自分」そのもので勝負しようとするからです。「素の自分」でクライアントと向き合うことは、一見正しいことのように思えます。ですが、交渉の場で「素の自分」で勝負することは、ゲームにたとえれば丸腰で敵のボスキャラに臨むようなもの。無防備ですから、失敗するとダメージも絶大です。

しかし、落ち込む必要はまったくありません。そもそも営業マンは、**「素の自分」そのもので勝負してはいけない**のです。

「営業」というゲームは、あなたという主人公が目の前に次々現れる敵キャラを倒していくようなものです。時にはボスキャラまでたどり着いても倒せず、ゲームオーバーになってしまうこともあるかもしれません。でも、ゲームですからあなたは生き返ります。レベルアップすればよいだけです。たとえキャラクター設定に失敗し、商談がうまくいかなくても、あなたの人格が傷つくわけではありません。**失敗したのは、そのキャラクター**なのですから。

「なりきりスイッチ」をオンにする

重要なのは、自分をどのようなキャラクターとして相手に認識させるか、です。営業・交渉は「演技力」をもって臨むゲームなのです。ですから、なりきることが楽しめるのなら、「素の自分」とはまったく関係のないキャラクターを選ぶのもよいでしょう。

また、好きになれるキャラクターというのは、実際、自分にぴったりの鎧になるケースが多いです。好きな上司でも、あこがれの先輩でも、自分が無理なく楽しみながらなりきれることが重要です。実在しない、ドラマの主人公でも問題ありません。たとえばTVドラマの『半沢直樹』。あのキャラクターに惹かれた方も多いのではないでしょうか。自分が好きなキャラクターを選べば、演じ続けるモチベーションになるでしょう。

キャラクターを演じるために必要になるのが、「**なりきりスイッチ**」をオンにすること。先ほどご紹介したキャラクターの代表的な「よく使うセリフ」をまねして口にすることをきっかけに、キャラクターに入り込むというやり方もあります。スポーツ選手が競技前に集中するために行うルーティーンのようなものです。スイッチを入れることで自分を「○○キャラモード」にして、没入していくのです。

キャラクターを演じるというのはモノマネと同じです。自らの殻を破り、演じている自分を楽しめるほどうまくいきます。口調のモノマネからはじめて、しぐさ、雰囲気など、どんどんなりきっていきましょう。休日になりきったキャラで外出してみる、というのもよいかもしれません。

うまくキャラクターになりきれるようになると、今まで知らなかった自分を発見することもできます。キャラクターを演じているので、「素の自分」だったら絶対にしないような大胆な提案ができたり、営業トークを言葉たくみに盛り上げることができたり。わたしたちの研修を体験した多くの方が「こんな自分がいたのか！」と驚かれます。鎧によってキャラクターのバリエーションが3つ以上になり、その完成度が高まるほど、あなたの攻め手は増えていくでしょう。

「なりきりマネジメント」で本番に強くなる

営業マンなら誰しも一度は、自分の提案がクライアントにどんどん刺さっていく快感を経験したことがあるのではないでしょうか。キャラクターになりきることで、このノリにノッた状態を保つこともできます。キャラクターになりきると、自分のコンディションを常に最高の状態に保つことができるようになるのです。

商談相手が自分より格上だったり、勝負のかかったプレゼンだったりと、緊張しやすいシチュエーションというのはあるものです。そういった場面でもキャラクターになりきると、自分の最高のパフォーマンスを発揮することができます。

一流のビジネスパーソンは、どんな状況下でも最高のコンディションをキープできます。むしろ最高のコンディションをキープできる人が一流になっていくのです。

この点で、「なりきること」のもたらす効果は絶大です。キャラクターを演じることで、自分のコンディションを一定に保ちやすくなるからです。「素の自分」ではないので、かえって緊張せず、本番に強い状態でいられます。ゲーム感覚でいれば、偉い人が相手の商談でも、自分がどう見られるかなんて気になりません。これをわたしは「なりきりマネジメント」と提唱し、広めています。

重要なのはなりきること、演技力を磨くことです。「素の自分」の性格は変えられなくても、演技力は訓練によって誰でも高めることができるのです。

相手に信じられる3つのポイント

キャラクターづくりができたら、次はどんな相手にも有効な、マウントをとる3つのポイントをご紹介します。相手を信じるというときに、人はどのようなポイントを見ているのでしょうか。

①所属コミュニティが信じられる

まず、所属コミュニティです。ここでいうコミュニティとは、たとえば勤めている会社、出身校、住んでいる地域や趣味、プライベートの活動など、あなたという存在を構成する社会的な要素のことを意味します。そのひとつとして、会社名や肩書きはわかりやすい例です。

たとえば、あなたが知名度の高い大企業の社員であれば、それだけで「この人はすごい」という印象を与えますし、さらに管理職クラスであれば「○○社の部長！　すごい！」と、よりマウントをとりやすくなります（ただし、その肩書きに見合った振る舞いができなければ逆効果なので注意してください）。

有名大学を卒業していれば「頭のいい人」、箔《はく》のついた肩書きがあれば「仕事ができる人」など、一般的に評価の高い所属があることで、あなたの評価も上がるのです。ここではあなたの実際の個性や人格はまったく関係がありません。

そういった意味で、あなたの属しているコミュニティとそこでの役割を示すために、名刺などに役職や職名、資格などは載せるほうが有効です。「いやいや、自分の肩書きなんてたいしたことはない」と思う方もいるかもしれません。しかし、管理職や資格をもった専門家である必要はありません。仮に所属先では、実際のところありふれた肩書きであっても、それを知らない相手から見ると、「すごい」と映ることはよくあります。

マウントをとる際に重要なのは、あなたの肩書きが「実際にすごいかどうか」ではありません。**「相手がすごいと思うかどうか」**です。その可能性をあなたから捨ててはいけません。

また、相手はあなたが所属しているコミュニティによって、あなたの印象をつくります。たとえば、「大学では野球部でした」と言うだけで、「上下関係はしっかり守りそう」という印象がつくられるのです。肩書きというと名刺に書けるコミュニティだけを思い浮かべると思いますが、野球部のみならず、たとえば、「会社の宴会隊長」「責任世代」「婚活中」「マネージャー会議議長」「ご意見番」など、自分に関するどんな役割や属性があるか具体的に情報を出すと、「自分はこんな人です」と言葉で説明するよりも、はるかに相手から信じられます。

②リアリティが信じられる

次にリアリティです。後ほど「営業トークはこう変える」の項目でも詳しくふれますが、数字、実績、経験など事実情報が示すリアリティを人は信じます。

たとえば、会社紹介をするのであれば、過去何社との取引があるのか、どのような規模の企業と取引があるのかなど、具体的に説明しましょう。写真、動画などビジュアルも効果的です。どのような成功事例があるのかなど、過去の実績を具体的に紹介することも、あなたの話の説得力を増します。

実績はまだない、という場合でも大丈夫です。経験を語ることでもマウントはとれます。「入社から2年で100社以上の商談に関わってきました」「この業界に10年います」など、経験を数字を交えてアピールするのです。

経験自体が少ない場合は、ひとつの経験を具体的に伝えるという方法があります。たとえば、「半年前に、A社に当社のシステムを導入してもらいました。担当の方に3つの点でメリットを感じていただきました。1つ目は、事務作業が51・3％（概数にしないこともポイントです）も削減できること。2つ目は……（中略）。実際、導入後にヒアリングをしたところ、その効果を感じていただけたようです」などです。

リアリティを感じさせるのに欠かせないポイントは、ズバリ数字を交えることです。わたしの経験では、（仮に事実ではなくても）統計データという形で出された事実を疑うことのできる人はまずいません。数字には、人を信じさせる魔法の効果があるのです。

③相手にない土俵選びで信じられる

3つ目は、相手にない土俵選びです。相手にはわからない立場＝自分の土俵から攻めれば、マウントはとりやすくなります。人が専門家を信じやすいのは、その分野についての知識や経験が専門家に対して劣るからです。

もちろん、あなたが何かの専門家である必要はありません。

たとえば、あなたのクライアントが男性ばかりで、マーケット開拓のために女性向けの新サービスを考えているとすれば、「女性」という土俵がマウントをとる切り口になりえます。あなたが女性であったり、女性向けのマーケティングの実績があればさらによいでしょう。

一方、交渉相手が熟知している切り口では、同じ土俵で戦うことになるのでマウントをとろうとしてもうまくいきません。たとえば、人事部に人事についての話題で切り込んだり、管理部に管理についての話題で切り込んでもうまくいきません。相手は、自分のほうが専門家と思っていますから、そこでマウントをとろうとしても難しく、あなたの言うことは信じられにくいでしょう。

そこで、たとえば、自分は「営業のスペシャリスト」だと相手に見えているなら、「営業マンから見た人事」という切り口で土俵を選ぶとどうでしょう？　あるいは「営業部署から見た管理部」という切り口もよいでしょう。切り口を変えれば、突破口は見えてきます。あらゆる切り口から、比較優位の観点で自分が勝てる土俵を見つけていくのです。このように、土俵選びも、信じられるかどうかを左右する要素となります。

次は、営業面談で実際にどんな会話を交わせば相手に信じられるのか、あなたの営業トークの習慣を振り返り、レベルアップするスキルをお伝えしていきます。

LEVEL UP!

営業トークはこう変える マウントスキル編

事実だけを伝える――事実情報と解釈情報

会話のなかにはさまざまな情報が飛び交います。その情報は大きく「事実情報」と「解釈情報」の2つに分けられます。交渉や営業面談で相手からマウントをとるためには「事実情報」に絞って伝えることが重要です。

この「事実情報」とは、相手によって解釈や答えが変わらない情報のことです。

(例) 業界No.1、顧客満足度90%

それに対して「解釈情報」とは、人の解釈によって答えが変わる情報のこと。感覚、感想、良い・悪い、多い・少ないなどの評価は「解釈情報」になります。

(例) 売れています！　お客さまが大満足！

事実情報に絞ることが大切なのは、事実ゆえに疑いようがないからです。解釈情報は「本当なのか？」という疑問を相手に生じさせてしまう原因となるため、解釈情報が多い会話では相手に信じられにくくなります。

営業面談の初期段階では基本的に相手はこちらの言うことを信じておらず、何かを売りつけにきたと警戒しているのがふつうです。だからこそ、そんな相手から信じられるには、事実情報に絞って伝えることが重要なのです。先ほど**相手に信じられるポイントとして**ふれた肩書き、数字、実績などが有効なのは、それが事実情報だからです。

事実情報で会社紹介をすると、たとえばこのようになります。

「弊社は設立10年を迎え、スタッフは30名、この商品は業界でシェア1位の実績があります。直近のお取引先だと、□□社さんや、△△社さんなどから毎年約20件の発注をいただいています。おかげさまで昨年は過去最高の売上10億円を達成することができました」

いかがでしょう? 伝えたのは事実だけです。具体的な会社の規模感や業績などがイメージできるのではないでしょうか。

事実情報は、淡々と伝えることがポイントです。謙遜の意味で「たいしたことないのですが」「業界ではまだ新参者ですが」といった言葉がつい出てしまいがちですが、これはNGです。伝えた内容が相手に解釈情報と受け取られてしまい、誤解が生じたり、信用を得られない恐れがあるからです。事実情報は必ず言い切りましょう。

営業マンは、いかに相手の印象に残るかということも重要です。その場合でも「業界1位」や「売上100億円」といった印象的な事実情報は相手の記憶に残りやすいというメリットがあります。実際、商談を終えたときに数値や実績などの事実情報だけしか相手の記憶に残っていないということはよくあります。

また、解釈情報は事実情報に置き換えられる、ということも覚えておきましょう。先述した2つの例を見ると、(例1)「業界No.1、顧客満足度90％」と(例2)「売れています！　お客さまが大満足！」は、趣旨としては同じことを言っています。1は事実情報、2は解釈情報という違いです。

「鷹尾さんは背が高い」というのは解釈情報ですが、「鷹尾さんの身長は188㎝だ」と言い換えると事実情報になるのです。「弊社は真面目な会社です」と言うと完全に解釈情報ですが、「先ほど訪問した取引先から、弊社は真面目な会社だと言われました」と言えば事実情報に変わります。

この技を使いこなすのに、最も重要なのは「**事実はつくり出すもの**」という観点です。もちろん、捏造《ねつぞう》しましょうという意味ではありません。事実に絞って発言しなければいけないという意味でもありません。表現の仕方しだいで、解釈情報は事実情報に変えられる、という視点をもつことがこの技の重要ポイントなのです。

◎**実践トレーニング**

■事実情報だけで自己紹介をしてみましょう。

今まで無意識にしていた自己紹介を、ビジネスの場でマウントをとれるように事実情報を盛り込んだものにしてみましょう。

■解釈情報を事実情報に変換してみましょう。

取引実績・他社との違い・顧客満足度など日頃アピールしている表現を解釈情報から事実情報に変換してみましょう。

▼トークは短く

営業トークというものは、ついつい長くなりがちです。営業マンのなかには、話し好きという人も少なくないでしょう。しかし、だいたい長いトークというものは、余計な解釈情報ばかりでできています。そのうえ、トークが長くなると、そこに見えてくるのが「この案件は、今月の数字に入れ込みたい」「今期のノルマがやばい……」「今日、申し込みが欲しい！」といった営業をする側の勝手な都合です。営業面談ですから当然根底にはそういう気持ちはありますが、まだ相手にその気がない段階で、それが伝わってしまうと相手は引いてしまいます。また、セリフが長くなると、自分が着た鎧の一貫性が崩れやすくなるというリスクもあります。

トークが長くなる原因は、焦りや不安です。知らず知らずのうちに自分のトークが長くなっていないか、注意しておく必要があります。

意外に思うかもしれませんが、実はしゃべりたいという人より、無口でいたいという人のほうが営業は有利に進められます。言葉数が少ないと、相手に余計な意図を感じさせないからです。逆に口数が多く、ワンセンテンスが長い、一度話し出すと長いという人の場合は要注意。これらはすべて、相手に「何かを企《たくら》んでいる」という印象を与えてしまいます。

〝一方美人〟になる

商談で営業マンがよく間違うのが、相手に媚《こ》びて、相手に好感をもってもらえるように話を寄せてしまうことです。相手の共感を得たり、機嫌を損ねないようにするために内心は「違う」と思っていても、「そうですよね！」と話を合わせてしまう——ということはありがちですが、とくに面談の序盤では厳禁です。人に合わせて態度を変える八方美人と思われ、信用が得られません。

どんな相手にも媚びることなく一貫した態度をとる、〝一方美人〟の演出を心がけることが大事です。八方美人では「この人は本当のところは何を考えているのかわからない」と相手が不信感を高めてしまいます。相手にとって耳触りのいい話、共感を得やすい話をするだけでは、マウントはとれないのです。相手の話に素直にうなずくだけでなく、納得できなかったり、違うと思ったら「納得していない」「おかしい」という態度をあえてとることもマウントをとるためには重要です。

たとえば、わたしは「はぁ」という相槌《あいづち》しか口に出さないという演技をよくします。首をひねり相手の話の意味がわからないというような素振りをすることもあります。

相槌も素振りも、いつも「YES！」だった相手が急に「NO！」になったら、あなたは気に留めずにいられるでしょうか？　相手も同じことです。それは「なんでだ！」という怒りというより、「どうして？」と気になるほうが勝る心持ちです。「またYESと言ってもらいたい」という心理になるのです。これを覚えておいてください。

もちろん、こうした態度をとるには勇気が必要になる場面もあります。だからこそ、鎧を着てゲーム感覚で乗り切るのです。「素の自分」ではなく、鎧を着た自分があえてやっているのだ、という状態をつくることで「嫌われるかもしれない」という心理的ハードルを低くすることができます。仮に相手に嫌われても、それは鎧が嫌われたのであり、あなたの人格が嫌われたわけではありません。着た鎧が相手に合わなかっただけかもしれません。ぜひゲームだと思って試してみてください。

時には、「私だって一生懸命にやってるんです！」と怒ってみせることも重要です。もちろん、むやみやたらに怒るのではなく、忙しいのか相手の関心が薄かったり、話を聞いてくれているように感じないときに有効です。わたしは商談で何度もやっていますが、「客に怒るとはなんだ！」と怒られたことはなく、相手の心証が悪くなったと感じたことはありません。むしろ、「真剣にやってくれているんだ」という印象になります。もちろん、怒ってみせるタイミングを間違えてはいけません。実際に自分が手数をかけて何らかの努力をしたあとに言うと角が立ちますので、その点はご注意ください。

なお、相手の共感をとりにいくテクニックについては、営業の中盤で重要になるので、第4章の「心をつかむ技術」で詳しく紹介します。

商談のゴールを再設定し、マメに確認する

商談の際、まず冒頭にサービス内容の説明なのか、見積りの提案なのかといったゴール設定をはっきりさせましょう。これはスピーチやプレゼンテーションでもよく使われる技術です。ただ、商談中にそのゴールはどんどん変わっていくので、商談の途中で次のゴールをこまめに確認するマメさが必要です。

また、ゴールの確認は、最終的には相手に言ってもらうことがポイントです。自分

から答えを言わず、「今日は、なぜ私をお呼びいただいたんですか？」などと質問して相手に答えてもらうと、相手の納得感や商談へのコミットメントが増します。

こうした確認がないと、相手はあなたの話がどこに向かって進んでいくのかわからず、不安な気持ちで時間を費やすことになり、話は分散してしまいます。必要に応じて、全体的な商談のプロセスの見通しもはっきり示すことで、相手はあなたの商談に安心して身を委ねることができるようになります。

このように、商談では相手とやりとりを重ねるにつれて、相手から信じられる度合いが増していくようにしなければいけません。

相手との会話が、球が行き交うキャッチボールになったと感じられたら、マウントはとれています。その段階に達したら、つぎは相手より優位に立つ技術が重要になります。では、冒頭で触れた「②優位に立つ技術＝リーディングスキル」の説明に移りましょう。

まとめ

これを押さえれば信じてもらえる!やりやすくなる!

- なりきり鎧を着よう → p.029
- なりきりスイッチを入れろ → p.040
- 相手に信じられる3つのポイント → p.044
- 伝えるのは事実情報のみ → p.050
- トークは短く → p.054
- 話を相手に寄せない一方美人になる → p.056
- 商談の現在地・ゴールをマメに確認 → p.058

第2章

優位に立つ技術

リーディングスキル

LEADING SKILL

あなたの考えや経験にあてはまる項目に
チェックを入れてください。

□ アポイントがとれないのは、相手にニーズがないからだ

□ 契約がとれれば、正直相手は誰でもよい

□ 営業では相手とのリレーションがものを言う

□ とくに理由がなくても、相手から言われたら値引きしがち

□ 営業結果は白黒つかないことが多いが、しょうがない

×

前ページの項目にチェックが多く入るほど
あなたの理解が間違っていて、
あなたは劣位に立たされるということを意味します。

商談をリードするのはあなた

「クライアントから買いたたかれたり、不利な条件をつきつけられたりして、思うような成果をあげられない」

そんな営業マンの悩みをよく聞きます。

そういう人は、たいてい自分はお客さまのことをとてもよく考え、大切にしていると思っています。

「だって、お金を払う側のほうが立場が上でしょ？　力関係はクライアントが上で、営業マンは下。だからこそ一生懸命クライアントの要望に応えるのが営業マンの仕事なのだ」と。

この考え方を今日からあらためてください。

たしかに商談の場では、営業マンよりクライアントが優位に立ちやすいのは事実です。しかし、あなたが優位に立たなければ、結果的に優位となる相手に主導権を握られてしまうので、思うような成果をあげられなくなってしまうのもまた事実なのです。

多くの営業マンがもっとも苦労するのが、この「優位に立てない」ということ。ですが、成果を出せる営業マンになるには、相手より優位に立ち、主導権を握るという発想をもつことが必要です。

スムーズに売れたときの営業事例を思い出してみてください。あなたには相手からリスペクトされる要素があり、商談をリードしていたのはあなたのほうではありませんでしたか？

人は「自分より上」だと思う相手の話しか聞けない

この章でお伝えする「優位に立つ技術＝リーディングスキル」は、その主導権を握るためのスキルで、営業マンに伝えるスキルとしてはもっとも価値が高いかもしれません。

ところで、「なめられる」とは、どういう状態でしょうか？

たとえば、立派に見えない親が子どもになめられる、仕事のできない先輩が後輩になめられる、人望のない上司が部下になめられる……。本来は自分よりも立場が下の人間に見下された状態です。もっと言うと、相手を思うように動かすことができない状態と言えます。この状態では、いかに正論を言っても、相手にされません。

相手を動かすことができないのは、人には「自分より上だと思う人の言うことしか聞けない」という心理があるからです。相手を自分が思ったとおりの方向に動かすためには、この心理的な上下関係をコントロールしていかなければいけません。

リーディングスキルを身につければ、この上下関係を逆転させることができるようになります。交渉相手があなたの言うことを素直に聞ける状態をつくり出し、自分の意図する方向へ交渉をリードすることができるようになるでしょう。このスキルは、成約に至る合意形成を推進させる強力なエンジンとなります。

本書で紹介する6つのスキルのなかで、もっとも交渉の要素が強いのがこのスキルです。政治の世界は「パワーポリティクス」と言われ、各国が自国の利害のために、国際社会で主導権を握ろうとしのぎを削っています。中国とアメリカ、それに北朝鮮の例などはまさに交渉です。

ですが、リーディングスキルは主導権の奪い合いで自分の主張をいかに押し通すか、というようなスキルではありません。基本的な主導権の力学を理解し、ステップを踏むことでスマートに身につけることができるものです。

では、具体的に見ていきましょう。

主導権の力学は水の流れのごとし

まずは、主導権の力学の基本を理解しましょう。主導権の力学は水の流れにたとえると非常によくわかります。

水は、重力の影響で上流から下流に流れます。この流れを逆にはできません。主導権も同じように、上流＝優位に立つほうから、下流＝劣位に立つほうへ作用します。

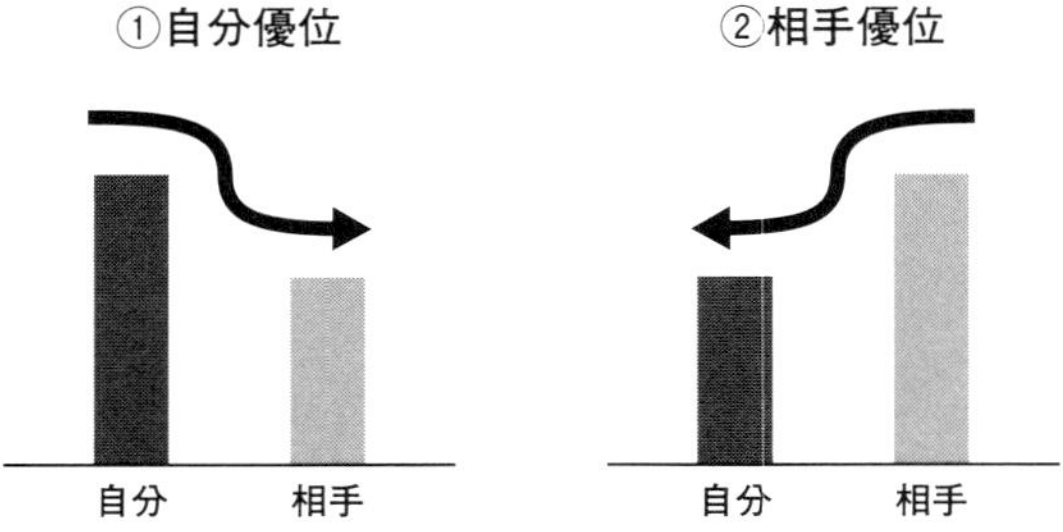

自分が劣位にいて、相手に主導権を握られているのであれば、この上流と下流をひっくり返し、相手より優位に立たなければどれだけ頑張っても無駄なのです。
この力学を理解せず、どう頑張っても変えられない流れのなかで、上流にいる相手に一生懸命水を押し返そうとしている、という失敗がよくあります。
たとえば、のどが渇いていない人に、あなたがいくら頑張っておいしい水やジュースを売ろうとしても、買ってもらえないでしょう。価格を下げてもむずかしいかもしれません。逆に、砂漠でのどが渇いて倒れそうな人がいれば、同じものが定価の何倍にしても売れるはずです。
スキー場などで自動販売機の価格設定が高いのは、輸送コストもありますが、そこ以外で手に入れにくいものを売っているからです。この力学を知れば、相手より優位に立たずに営業を行うことが、いかにむずかしいことかおわかりいただけるでしょう。

大事なのは水を押し返すことではなく、優位に立てるポイントを探すこと。そのためのノウハウを知ることです。川が上流から下流に流れるのには理由があります。主導権は、優位・劣位のメカニズムを理解することでコントロールし、変えることができます。

「会話」レベルで主導権を握る

主導権の強さには、3つの段階があります。

①位《くらい》の主導権、②関係の主導権、③会話の主導権です。

上位にいくほど、主導権は動かしがたくなります。

主導権を形づくるものは「会話」です。ふだんのなにげない一つひとつの会話のなかで、主導権は生まれていきます。プライベートの友人や同僚とのあいだでは、主導権はあっちに行ったり、こっちに来たりという状態となっているでしょう。

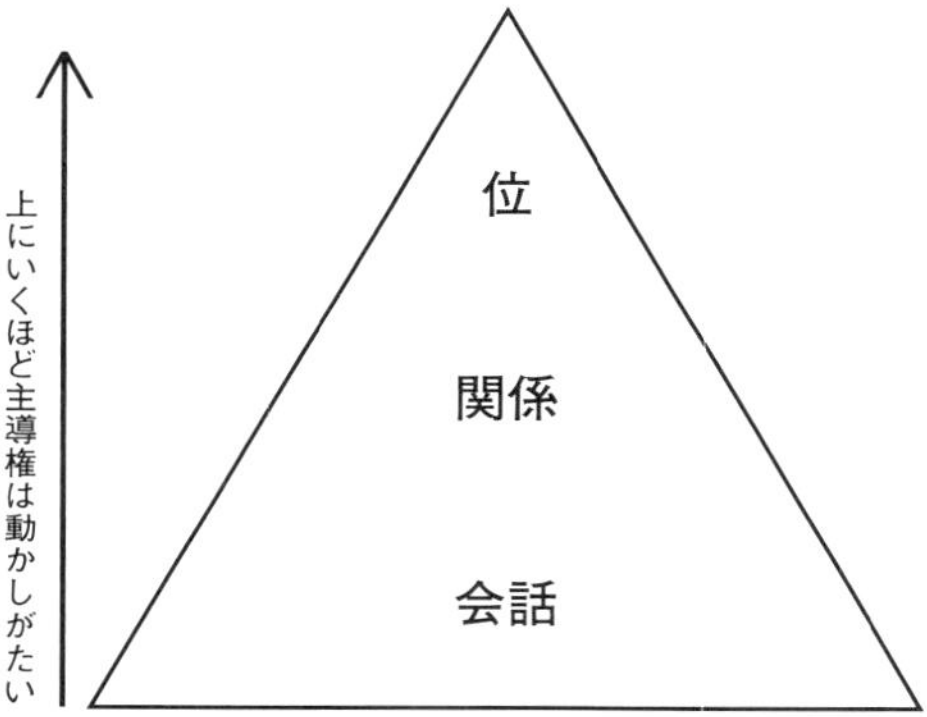

一方、ビジネス上の発注者と受注者、先輩と後輩、上司と部下といった「関係」となると、主導権は固定化されがちで、ひっくり返すことの難易度は上がります。

問題となるのは、自分が劣位にあるときなのですが、「関係」としては主導権が相手にあっても、個別の「会話」レベルでは自分が主導権を握れるというケースはよくあります。

たとえば、上司と部下の関係が実際にひっくり返っている例をよく見かけます。営業成績の良い部下が上司に対して「なぜ成績が高いのか」という話題で話をしたら、部下が主導権をとれるでしょう。また、社内人脈が豊富な部下が上司に対して、「社員の噂」という話題で話をしたら、部下が主導権をとりやすくなるでしょう。このように、「会話」の主導権の積み重ねが「関係」の主導権となります。「会話」レベルで主導権を強めていけば、主導権の川の流れをひっくり返すことが可能なのです。

ちなみに、主導権の最上位にあるのは「位《くらい》」です。政治家、資産家、著名人など圧倒的な権威やステータスをもつ人たちがいますが、この層から主導権を握ろうとしても、言葉のとおり位負けするばかりです。この層の人たちを相手にすると苦戦しますので、営業レベルが上がり、十分な戦闘力が身につくまではできるだけ避けましょう。

ここではまず、「位」を除いた「関係」と「会話」の主導権をよく理解し、自分が優位に立つスキルを磨いていきましょう。

「欲しい」と「困る」——主導権を決める2つの要素

交渉の場で主導権を左右する重要なポイントはいくつかあります。そのうち、もっとも重要なのが次の2つ。

「欲しい」と「困る」です。

利害をともなうビジネスの交渉では、相手にも、あなたにも、双方に必ずこの「欲しい」と「困る」が生じます。

たとえば、あなたは自社サービスを売って今月のノルマをどうしても達成したい＝「欲しい」、しかもノルマを達成できないと昇進できない＝「困る」。しかし、そのための営業先が1社しかない。そういう状態が相手に伝わっているとします。しかも、その相手はあなたのサービスを気に入らず＝「欲しくない」、それがなくても業務になんら影響がない＝「困らない」。

この場合、あなたの命運は完全に相手に握られている状態にあると言えます。そうなると、相手優位の主導権の川の流れは、穏やかな清流などというものではなく、滝のような急な傾きとなります。

つまり、あなたに対して大幅な価格の引き下げ交渉に出たり、「今日の話はなかったということで」のひと言で話を片づけたりすることが簡単にできるのです。これは、完全に相手に交渉の主導権が握られている状態です。

反対に、たとえば訪問先の会社の販売管理システムが古くなっていて新調を検討している＝「欲しい」、解決できないと決算ができない＝「困る」という状態だったとします。

その状態があなたからは見えていて、あなたのサービスはそれを解決できるとなれば、提案に相手が耳を傾けないはずはありません。しかもその相手にはほかに解決策がないという状態であれば、価格交渉力も増します。さらに言えば、いま、あなたに手を引かれては会社が立ち行かない＝「困る」という状態ともなれば、相手から「ぜひ導入させてほしい」とお願いされる展開にもなりうるでしょう。この場合、あなたはそのクライアントより優位に立ち、高い主導権を発揮できます。

主導権の相関関係

この相関関係を整理すると、あなたの主導権は次のようになります。

①相手が欲しいものがあなたから見えた！

あなたの主導権↓やや高くなる

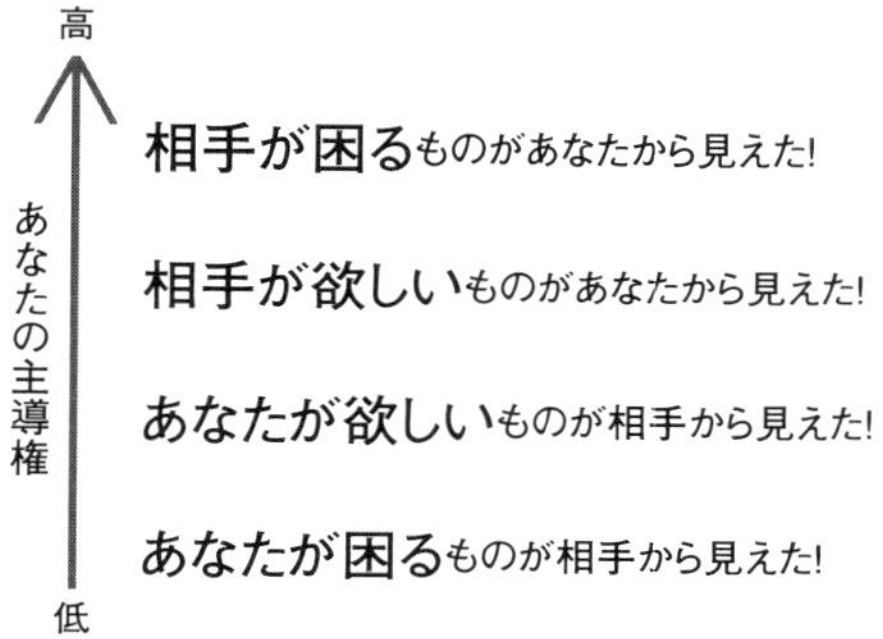
高
低
あなたの主導権
相手が困るものがあなたから見えた!
相手が欲しいものがあなたから見えた!
あなたが欲しいものが相手から見えた!
あなたが困るものが相手から見えた!

②あなたが欲しいものが相手から見えた！
あなたの主導権↓やや低くなる

③相手が困るものがあなたから見えた！
あなたの主導権↓極めて高くなる

④あなたが困るものが相手から見えた！
あなたの主導権↓極めて低くなる

つまり、主導権を握るためには、「①相手が欲しいものが自分から見えている」こと、そして「③相手が困るものが自分から見えている」ことが重要です。

相手のニーズを探る

クライアントの「欲しい」は、ニーズと言い換えることもできます。では、クライアントのニーズはどのように探ればよいのでしょうか。

この点については、第3章の「本音をあぶり出す技術」で、詳しく質問術を紹介します。

営業マンがいちばん困るのが、「先方には自社商品のニーズがなさそうだ」というケースだと思います。ただ、あなたが営業面談のアポがとれている時点で、相手には必ずなにかしら目的があるはずです。それを丁寧に探っていきましょう。

主導権は100%握る必要はありません。50%を少しでも超えれば優位となる傾きが得られるのです。しかし、自分が劣位にあると感じるときは、何をやってもうまくいきませんから、優位に立てるようになるまでじっくり相手の欲しいものを探りましょう。

自然体の極意――自分の「欲しい」と「困る」は隠す

先ほど、主導権を握るには自分から見て相手の「欲しい」と「困る」が見えていることが重要だと説明しました。これは裏返せば、自分の「欲しい」と「困る」は相手から見えないほうがよい、ということです。仮にノルマに追われ、成約が欲しかったとしても、営業面談においては欲しがらず、困らないアピールをしましょう。

このときの基本スタンスは、自然体でいることです。水は高いところから低いところに流れ、狙いも意図もありません。ただ、池に石を投げるなど外部から刺激があると、水面は反応します。そういう「自然に反応する」イメージです。心理的に「絶対成約しなければ」などと執着しているときは、視野がせまくなって自然体が崩れています。こういう場合、相手に簡単に主導権をとられてしまうので注意が必要です。

営業マンとしては、「つかみどころのない人」と思われるくらいが最適なスタンスです。欲しいものが見えない、困りそうな感じがしない。それが、世の中で主導権を握るのがうまい人の共通点です。

代替案で防御力を高める

内心は困っていても、「あなたに買ってもらわなくても困らない」と演出することは商談では有効です。ただ、本当は余裕がないのにあるフリをするのは大変なので、代替案で防御力を高めることをお勧めします。

たとえば、会社の売上目標が必達で、ノルマが10億円だとします。そういうときに、3社で3億円ずつ成約し、もう1社で1億円を稼ぐという想定でいると、1社でも成約できないと、目標未達になってしまいます。そんな状態で営業に行き、「あなたの会社とどうしても取引したい」などという話をしたとすれば、相手には「この人は契約を断られたら困る」と丸わかりで、主導権を握られるばかりです。こういうときに余裕があれば、「実は半年ほど順番待ちでして……」などと、相手を焦《じ》らす駆け引きもできるようになってきます。

こちらから提案する場合も同じです。たとえば、プリンターの販売提案で、「このあいだ替えたばかり」と言われても、「年間100万円コストダウンできます」という切り口なら、話を聞いてみようとなるかもしれません。重要なのはあくまで交渉相手の「欲しい」を見つけ、あぶり出していくことです。

これは、仮説をもとにしながら（たとえばコストダウンしたいという仮説）、具体的に相手に伝えること（固定費が１００万円下がる）で得られるリアクション（急に身を乗り出した）によってあぶり出すことができます。

さまざまな切り口で提案ができるようになると、「私の知らない切り口をもってきてくれる人」とリスペクトされるようになり、営業活動をすればするほど、成績の裾野が広がっていきます。常に代替案を最低２つは用意するよう心がけましょう。

失う怖さに働きかける——「プロスペクト理論」

主導権を握る大きな要因は、「欲しい」と「困る」だとお伝えしました。では、「欲しい」と「困る」では、どちらに働きかけるほうが、より強く主導権を握ることができるのでしょうか。

ノーベル経済学賞を受賞した心理学者であり、行動経済学者のダニエル・カーネマンらが提唱した「プロスペクト理論」によると、人間は利益を得ることよりも、損失を回避することを優先する傾向があり、その差はなんと2・5倍とされています。

つまり、商談で同じモノを売るのなら、「これは買ったほうがいいですよ」と「欲しい」に働きかけるより、「買わないと損をしますよ」と「困る」に働きかけるほうが2・5倍効く、ということです。

実際、商談の終盤で

「今日決めないで、間に合いますか？（早く決めないと損しますよ！）」

「ご紹介者と会われています？（あなたの返答しだいで、つないでくれた紹介者の顔を潰すことになりますよ！）」

「これを逃すと次の検討機会は？（もう検討できるチャンスはありませんよ！）」

といったふうに、失う怖さを相手に感じさせることができると、成約率は格段にアップします。コツは、「相手の危機感を煽る」セリフを選ぶこと。ただ、セリフが失礼にならないよう慎重に言葉を精査する必要があります。比較的簡単なやり方としては、語尾を質問形にするとよいでしょう。

スーパーの店頭や広告などで見かける「今だけ半額」「期間限定」といった売り文

句も同じ心理を利用したものです。この知識はぜひ活かしてみてください。

「破壊性の主導権」に注意する

ほかにも主導権を左右する要因はいくつかあります。ひとつは、「破壊性の主導権」です。

カスタマーセンターのオペレーターとクレーマー。この2人のやりとりで、主導権を握るのはどちらでしょう？

答えは、どれだけオペレーターが優秀でも、クレーマーです。話の枠組みを壊せる側が勝ち、枠組みのなかで話をまとめようとする側が負けるのです。

オペレーターは会社を背負いますので、どれだけ文句や要求がきても、真摯に受け止めなくてはいけません。一方、クレーマーは言いたい放題。話の土台を簡単にひっくり返すことができるので、オペレーターは振り回され続けます。この主導権を「破壊性の主導権」といい、営業マンは注意する必要があります。

というのも、商談では、お金を払う立場のクライアントのほうがこの主導権をもちやすいからです。クライアントは選ぶ立場ですから、気に入らなければ交渉をその場で決裂させることができます。だからこそ、営業マンも下手《したて》に出てしまいがちなわけです。

では、守勢に立たされる営業マンはどうすればよいのでしょうか？　話をまとめようとする側が負けるなら、まとめようとしなければよいのです。

たとえば、初回面談では、料金の話もサービスの話もする必要はありません。相手の欲しいものや困りごとが正確に見えないうちは、相手のニーズを探ることに徹しましょう。

そして、面談のお礼のメールで「御社の状況を考えると、こういう提案がいいと思います。この資料を見てください」などと、さらっと提案を行い、次回のアポイントメントの日程を出します。文章の締めも、「ご興味がおありでしたらご提案に参ります」程度とし、「ぜひ面談の機会をいただきたい」などと書くのはNGです。

それであなたが出した日程のなかで相手が日程を指定してきたら、相手が欲しいものをこちらが出せたということ。この瞬間に主導権がひっくり返り、相手が「それを探していたのだ！」と、あなたを追いかけるようになるのです。そうすれば、今度はあなたが破壊性の主導権を握ることもできるようになります。「やりたいのはあなたでしょ？」という体裁が整うのです。

「問題提起の主導権」を活用する

つぎは、すぐにでも活用できる「問題提起の主導権」をご紹介します。数人のグループで話をすると、いつも話題の中心にいるのは特定のあの人、ということはないでしょうか？　これを「問題提起の主導権」といい、自分から先に話のテーマ＝問題を設定することで、主導権を握る方法です。ひな壇の芸人にネタを振る、バラエティ番組の司会者をイメージするとわかりやすいかもしれません。

営業でも、問題提起をしたほうが優位に立ちます。心理学では、程度の差こそあれ、人には心理バイアス（固定概念・思い込み）というものが誰にでもあることが証明されています。そのため、枠組み（テーマや切り口）を提示されると、その枠組みから自由ではいられないのです。当然、設定した側が攻め手となり、その枠組みにとらわれた側が守勢となります。これは、先手必勝です。

また商談の途中で、「ええと、すみません。今日のテーマは何でしたかね？」と再設定することも可能です。自分から意識的に話題をあげていくようにしてみましょう。そうすると、徐々に会話をリードできるようになり、商談自体も自分のペースで進めやすくなります。

オープン・クエスチョンを投げかける

相手に主導権を握られそうになったら、オープン・クエスチョン（OQ）を投げかけることも有効です。

質問にはオープン・クエスチョンとクローズド・クエスチョン（CQ）の2種類があります。オープン・クエスチョンとは、相手が自由に回答できる質問のことです。

疑問詞ではこのようなものです。

・WHY　なぜ？　・WHAT　何を？　・HOW　どうやって？

たとえば、「なぜ発注されたのですか?」「懸案は何ですか?」「どうやって実行したのですか?」といった質問です。

それに対してクローズド・クエスチョンは「はい」「いいえ」、あるいはAかBかなど回答の範囲が限定された質問のことです。

・Do you ? や Is it ? ですか? ・Which どっち? ・How many いくつ?

たとえば、「今日の面談相手は部長?」「面談相手はAさん、それともBさん?」「私どもで何社目ですか?」といった質問です。

「問題提起の主導権」とも通じますが、相手はオープン・クエスチョンで質問されると、その質問の枠のなかで答えを探します。たとえば、「なぜ弊社に見積りを依頼されたんですか?」と質問すると、「見積りをした理由」という問いの枠組みから答えを探そうとします。この特性を活かし、会話の主導権を握ることができるのです。たとえば、上司が部下に投げかける質問は「あれ、どうなってる?」「なんでそうなった?」「どうやってやるの?」など、オープン・クエスチョンのオンパレードです。実は、報告・連絡・相談とは、上司が主導権を握るシステムなのです。

もし、頭の良さも経験も知識もまったく同じ2人が、会話の主導権を取り合ったら、オープン・クエスチョンを投げかける側が必ず勝ちます。商談でも同様です。たとえば「素朴な疑問ですが、なぜでしょう?」「どうして過去導入に至らなかったのでしょう」などと、相手がよくしゃべっているタイミングで投げかけると、商談の核心に迫ることができるうえ、主導権もとれて効果的です。

LEVEL UP!

営業トークはこう変える リーディングスキル編

沈黙を武器にする

商談で、怖いと感じるもののひとつに、相手の沈黙があります。

リーディングスキル編で、トーク術としてまずお伝えしたいのが、じつは「沈黙」の重要性です。お客さまが無口だったり、会話がかみあわなかったりして、気まずい沈黙が流れてしまった――。そんな経験は誰しもあると思いますが、沈黙を恐れてはいけません。

というのも、こちらがしゃべればしゃべるほど、「何かをどうにかしたい」という動機が伝わりやすくなり、こちらの「欲しい」や「困る」が相手にバレてしまうからです。前章では、おしゃべりは余計な解釈情報で不信感を与えるとお伝えしましたが、主導権を握るうえでも沈黙は重要な武器となるのです。

相手が黙ったときは、こちらも焦らず、黙ってじっくり相手を観察しましょう。沈黙するのは「考えているとき」が多いので、沈黙のあとに相手の本音が出てくるケースもよくあります。ゲーム感覚で沈黙づくりを楽しんでみてください。また、「話すときはやる気がなさそうに、聞くときは前のめりで」という姿勢を基本スタイルにするとよいでしょう。シンプルなテクニックですが、これだけでマシンガンのように話しすぎてしまうことが緩和できます。あくまで、自分が乗り気になることではなく、相手を乗り気にさせることが目的なので、ポイントとして押さえておきましょう。

質問にリズムをつくる

先ほど、主導権を握るうえでオープン・クエスチョンが重要と説明しました。ただ、商談の冒頭からオープン・クエスチョンを投げかけると、相手との会話が盛り上がりません。というのも、オープン・クエスチョンは回答に制限を設けないがゆえに、回

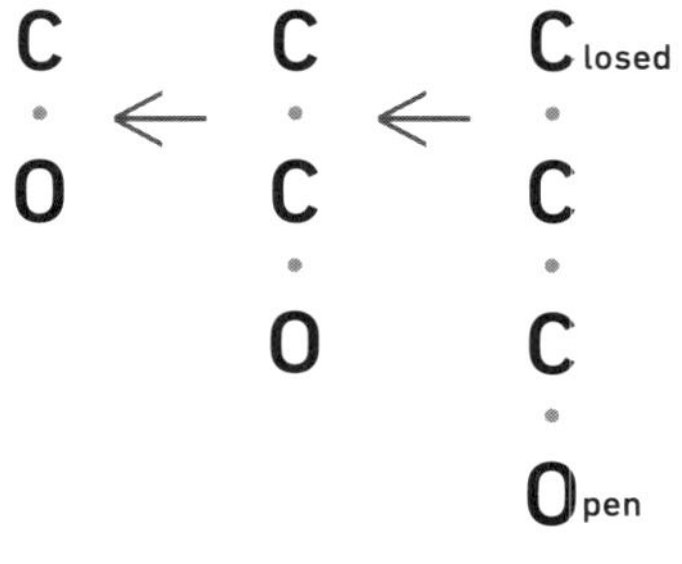

答すること自体に心理的な負荷をかける質問だからです。意図的に相手を「ウッ」とさせているわけですから、初対面の相手に、冒頭で「あなたはなぜ私を面談に呼んでくれたのですか？」と聞いてもキチンと答えてはくれないでしょう。

一方、クローズド・クエスチョンは回答に制限があるゆえに、回答しやすいのが特徴です。「はい」か「いいえ」で簡単に答えられる質問を冒頭に繰り返すことで、会話のリズムをつくり、商談を盛り上げていくことができます。

オープン・クエスチョンとクローズド・クエスチョンの効果的な質問順には、法則があります。

たとえば、最初は「いい天気ですよね？」「今日の面談は1時間程度を想定していますが、お時間大丈夫でしょうか？」というような、回答に困らない問いかけをしてから、オープン・クエスチョンを投げかけてみましょう。

仮に、相手がおしゃべりなタイプでも、最初はクローズド・クエスチョンをたくさんして、情報を引き出すために利用しましょう。クローズド・クエスチョンは相手の「欲しい」と「困る」を突き止めるための手がかりにもなります。会話を盛り上げるのが上手な人の共通点は、クローズド・クエスチョンをリズミカルに使える人です。

◎実践トレーニング

■OQとCQを織り交ぜてお互いを知りましょう。

会話が盛り上がる方程式を使って、会話をしてみましょう。

▶論理的違和感を信じよ

一撃で優位・劣位をひっくり返す高等テクニックがあります。論理的な矛盾点を突くという方法です。シンプルですが、難易度は高いと思います。わたしはこれを「ダイヤモンドカット」と呼んでいます。このテクニックが相手に使われると、こちらの優位は一瞬で失われ、交渉のスペシャリストであってもたじたじとなることは避けられません。

コツは、交渉の枠組みを変えることです。たとえば、「安く買いたい」ということと「良いものを買いたい」ということは論理的に矛盾します。安ければ、サービスが劣化しないわけがないのです。この場合、まずは「それでは5社ほどで相見積もりになりますでしょうか？」と聞き、次に「安く！という理由はなんでしょう？」と理由を深掘りして、あなたが納得できるまで話を聞いていきます。営業に値引きを言うのは（感覚が麻痺している人が多くいますが）、基本的には失礼なことです。「値引きをしてやろうか」とあなたは検討している立場なわけですから、相手が値引きを望む理由を根掘り葉掘り聞いても許されます。

そして、相手がそもそもなぜ安く買いたいのか、真剣に考えている状態になったら、そこで一撃一閃《いっせん》、ダイヤモンドカットです。

「（この値段では）良いものは買えませんが、問題は起こりませんか？」

これで相手はぐうの音も出なくなります。鉄壁の論理ほど否定しにくいものはありません。この技を決めると、商談の主導権はあなたのものです。

▼結論を相手に言わせる

商談であなたが欲しいものは、YESかNOではなく、相手の言葉できちんと言わせましょう。これは交渉において非常に重要なポイントです。人には「自己正当化バイアス」があり、言葉にすることで自らの発言を正当化する心理があります。

一般的にビジネス上の会話は、英語的に結論を先に言うべきだと言われます。しかし、交渉の場では、日本語的に結論を言わないことが重要です。

たとえばクロージングでは自分から「これで御社の課題は解決できます。購入していただけますか？」などと直接的には聞かず、「仮に導入するとしたら、理由は何ですか？」と言うくらいにとどめ、相手が主体的になる間《ま》をつくるのです。

というのも、自ら答えを持ち出すと、相手は「はい」か「いいえ」の結論を選ばざるをえなくなります。それでは、相手に自分の選択を正当化する意欲が育ちませんので、たとえばチラシを見ただけで買いたいなど、よほど明確な購買動機が相手になければうまくいきません。ですから、クライアントのほうから「やろうか」「私はやりたい」と言わせるように働きかけていくことがポイントです。目指すは、相手が「なぜそれを選んだのか」を積極的に語りだす状態です。

まとめ

これを押さえれば優位に立てる！リードできる！

第3章

本音をあぶり出す技術

アナリティカルスキル

ANALYTICAL SKILL

あなたの考えや経験にあてはまる項目に
チェックを入れてください。

- □ 自分の本音は自分でわかっている
- □ 相手の本音はニーズそのものだ
- □ なぜ成約になったのかわからないことがある
- □ 商談で何をどのように聞けばいいかわからないことがある
- □ 質問に迷ったら未来のことを聞けばよい

✕

前ページの項目にチェックが多く入るほど あなたの理解が間違っていて、 あなたは相手の本音が見えていないということを意味します。

場の熱で人はものを買う

ここまで、クライアントがあなたの言うことを聞いてくれるようになるためのスキルをご紹介しました。このスキルによって、あなたは以前より営業がはるかにやりやすくなっているのではないでしょうか。

さて、次のステップに進むためにまずひとつ質問です。

「あなたが過去に買ったもので、いま要らなかったと感じるものはありませんか?」

いかがでしょう？　かなり思い当たるのではないでしょうか。

消費経済は、衝動買いのオンパレードです。ここで言いたいのは、それだけ買うときに場（商談）の熱が影響力をもっているということです。「鉄は熱いうちに打て」と言いますが、鉄＝商談が無機質で常温のままであれば、成約率はＦＡＸ営業とさほど変わりません。その熱さが相手の心理に強く影響することで、相手は「欲しい」と思うのです。

相手の決定動機は「やるべき」ではなく「やりたい」であって、そう思わせる商談にする必要があるのです。そこで、「はじめに」でご紹介したポイントの2つ目――

Ｂ　嫌いな人から買えますか？

に関係するスキルをご紹介していきます。

③本音をあぶり出す技術＝アナリティカルスキル

④心をつかむ技術＝グリップスキル

この2つです。

まずは、「③本音をあぶり出す技術＝アナリティカルスキル」で相手が買いたいと思う理由を探し、本音をあぶり出さなければなりません。そして、第4章で紹介する「④心をつかむ技術＝グリップスキル」で相手の心をつかみ、ファン化することで、商談の温度を高めていくという流れになります。どちらも、相手の気持ちを温めるという心理アプローチの側面があります。

ビジネスでは本音は出にくい

本音とは、あぶり出される本当の気持ちのことです。

しかし、人は誰にでも本音を言えるわけではないのはなぜでしょうか？

現代社会は、利害に対する警戒心が高まるばかり。「何か思惑があるのかも？」と思った瞬間に、過度に相手を警戒せざるをえなくなっています。関係性が強い相手の場合はまだしも、関係性が弱い相手の場合には「触らぬ神に祟《たた》りなし」と引いてしまいがちです。商談では、これがよりドラスティックに起こります。

そこで、相手の言動が本当の気持ちなのかどうかをあぶり出す必要があるのです。利害を意識せざるをえないビジネスの場では、プライベートより一層本音を言えない構造になっているということをまずは理解しましょう。

本音を垣間見るためには？

本音は、相手のなかに、歴然と元から存在するとはかぎりません。人の顕在意識は意識全体の3％と心理学では言われています。それだけ自覚が薄いわけですから、相手は自身の本音に気づいていないということをむしろ前提にしましょう。相手が「本音です」と言いつつも、内心は「違うかも」と感じていることだってあります。

そこで、ポイントとなるのは、「**本音は垣間《かいま》見えるもの**」という認識です。本音は相手の言葉をいくら吟味しても見えてこないわけですから、相手に何かをぶつけて反応を見ることが必要になります。それが、ここで紹介する質問をはじめとしたアナリティカルのアプローチです。

後出しジャンケンに持ち込めば勝てる

商談で後出しジャンケンが許されるなら、負けることはありません（もちろん、商談が検討の土台にのらない場合は例外です）。商談はいかにこの後出しジャンケンに持ち込むかがとても重要になります。

商談全体のなかで、後出しジャンケンは大まかに次のようなステップで進みます。

①「概要説明」でたたき台を提示
②「本音をあぶり出す」でニーズを形成
③「提案」で後出しジャンケン

これは、いかなる相手であっても通用する勝率アップの方法です。このやり方で負けるとしたら、「本音をあぶり出す」ことに失敗したときです。つまり、商談全体のなかで、アナリティカルスキルはなくてはならない核となる部分なのです。

公開情報は質問しない

相手の本音をあぶり出す方法は、基本的には「質問」です。質問は苦手という人も多いかもしれません。多くの営業マンがつまずくのが、NG質問をしてしまうことです。まずは商談で相手に何を聞いたらNGなのか、ポイントを押さえていきましょう。

あなたがする質問が相手に聞いてOKかNGかの基準のひとつは、「あなたが知りえないと相手が納得できることかどうか」です。たとえば、ホームページ上に書かれている情報は知っていて当然のことですから、従業員数を公開している会社であれば、「今、従業員数は何人ですか?」という質問はNGです。一方で、「従業員数は100名が最新ですか?」はOKです。また、「管理職は何人いらっしゃるのですか?」もOKです。

事業内容については、未知の業界だとホームページに書いてあっても何をやっているのかイメージが湧かないということもあるかと思います。とはいっても「工業用センサーの開発」という事業内容がわからないからといって、「工業用センサーの開発」とは、どういうものですか？」とストレートに聞くのは、あまり良い質問とは言えません。あなたが中身を知らないだけだからです。一方で、「工業用センサーの1社あたりの取引額は？」という問いはＯＫです。

余談ですが、訪問先がどんな会社か実態のイメージをつかみたければ、「販路」と「売上構成比」を聞くのが有効です。販路については、たとえば「ＣＬＴ（集合調査）へのアプローチをどのようにしているのか」「テレアポが30％、顧客紹介が10％、協業先からの紹介が50％」といった情報です。また、売上構成比は事業ごとの売上比率、商品ごとの売上比率などです。会社は営利組織であり、広義の意味での営業がどうなっているかが根幹です。そこに触れていくと、会社全体がどこに注力しているのかがイメージしやすくなります。未知の業界に足を踏み入れたときには、ぜひ試してみてください。

話題を広げたいがための抽象的質問に注意

あなたにクライアントについて本当は聞きたいことがないとしたら、これは大問題です。質問の意図があいまいになり、相手はどう答えたらいいのか迷うことになるからです。そこで生まれる不信感が、対話を一瞬でフリーズさせます。一度、相手が「どういうこと？　質問の意図がわからない」と引っかかりをもった状態になると、説明を求めるプレッシャーがかかるようになり、後手にならざるをえません。さらに、新たな質問がしにくくなります。

こういったケースの原因は、会話を盛り上げたいという焦りがほとんどです。ですから、「何を話したらいいのか」とお互いに思っている商談の冒頭で起こりがちで、雑談やアイスブレイクに苦手意識があれば要注意です。

とくに自分の質問が抽象的になっていないか注意しましょう。「今日は、わたしで来客何人目ですか？」という質問はOKですが、「どんな来客が多いのですか？」はNGです。前者は相手のコンディションを気遣う意図があり、聞き方が具体的ですが、後者はそれを聞いてどうするのか意図が不明で、聞き方が抽象的です。

商談の温度が高いタイミングでは、この種の質問でも流してもらえることが増えますが、リスクがあることに変わりありません。相手から見て質問の意図が不明になっていないか、常に意識しておかなければなりません。

オープン・クエスチョンも同様で、意図が不明な質問と答えにくい質問は、相手にとって不快度は同じです。要は「どう答えろって言うんだ！」と思われていないか、慎重に相手の表情を見るとよいでしょう。その不快度が相手のセリフとして出てしまうと、商談の温度低下は避けられないのでイエローカードです。

繰り返し質問はしない

相手の回答は、絶対に忘れてはいけません。一度出た話をもう一度聞いてしまうことほど、してはいけないことはありません。むしろ、「**一度聞いたことは、二度と聞かない**」というこだわりをもつべきです。

なぜやってはいけないのか？　それは、相手の回答へのモチベーションが下がるからです。これをやってしまうと、相手は質問にまじめに回答しなくなります。アナリティカルが失敗に終わる典型的なケースです。

質問というのは対話のキャッチボールですから、既知の情報から未知の情報へ展開させていく流れが重要です。

あなた「この研修を導入すると、社員の方の営業力が格段と変わってきます。いかがでしょうか？」

相　手「社員には研修は必要ないんだよね」

あなた「（社員に研修が必要ないのは既知の情報）では、管理職向けには？」

相　手「そうなんだよ。営業マンを自社内で育成できるようにしたいんだ」

あなた「（営業マンを自社内で育成できるようにしたいのは既知の情報）ということは、管理職向けのスキルアップ研修ですかね？」

相　手「そうそう！　いいね！」

このように対話をとおして、キャッチボールと同じように「この相手は取りやすいところにボールを投げてくる」という信頼関係を育んでいくのがポイントです。

相手が同じ回答を繰り返さなければならないような質問は、信頼を一撃で破壊してしまいます。そんなバカな質問はしないと思われるかもしれませんが、危ないのは相手の回答の意味がよくわからないまま、話を進めたときです。回答の意味がわかっていないがゆえに、同じ趣旨の質問を繰り返して相手を苛立たせてしまうことはありがちな失敗です。

回答の意味を自分がよく理解できなかったときは、わかったフリをせず、その流れで確認質問をしなければいけません。こういう場合、相手も「今ので伝わるかな？」と思いながら話していることが多いので、理解不足のままスルーするとかえって信頼関係が育まれなくなります。質問と回答というコミュニケーションは、わかりあうために行っている行為です。回答の意味がわからないのをスルーしてよいのは、商談の本筋から完全に外れた話題のときだけと肝に銘じてください。

本音の的は5点に絞る

アナリティカルの対象は相手の本音です。とりわけ商談では、何に対しての本音を知る必要があるのか、ここで的を絞っておきましょう。大枠は以下に列挙する5点です。

①あなたと会うことにした理由とその背景
②同業他社の商品を過去に導入した（またはしていない）理由とその背景
③導入のメリット、デメリットに対する相手の心証とその背景
④相手の会社が現在、注力していることの優先順位とその背景
⑤相手の会社の導入の判断基準とその背景

この5つが営業におけるいわば〝景色〟を構成しています。この〝営業景色〟が見えると、提案が相手に刺さるようになります。また、その的の背景までしっかり見えていると、成約確度がどのくらいあるかを測ることもできます。この「背景」を対象にまずは質問をはじめ、目当ての的にたどり着くという流れがスムーズです。

「背景」はその周辺の事柄も含めて、できるだけ掘り下げて聞いていきましょう。的を支える背景は最低3つほど欲しいところです。たとえば、①であれば、背景は「株主総会が終わり、スケジュールにゆとりが出てきた」「今期の決算状況を見て、コストダウン施策を考えなければならない」「アポイント電話のオペレーション改善という商談テーマがひっかかった」の3つ。つまり、会うことにした理由は、「施策の種探し」。こういう具合です。

どういう質問で掘り下げるか

続いて①〜⑤の質問の仕方を順番に説明していきます。ここで紹介する質問例は一例ですが、どこを掘り下げて質問していけばよいか、少し具体的にイメージしてみましょう。

①あなたと会うことにした理由とその背景

「今日はご多忙のところ、ありがとうございます」という前フリからはじめて、「今は業務が落ち着いているのですか?」といった質問で掘り下げていきましょう。タイ

郵便はがき

料金受取人払郵便

代々木局承認

6948

差出有効期間
2020年11月9日
まで

1518790

203

東京都渋谷区千駄ヶ谷4-9-7

(株)幻冬舎

書籍編集部宛

1518790203

ご住所　〒

都・道
府・県

フリガナ
お名前

メール

インターネットでも回答を受け付けております
http://www.gentosha.co.jp/e/

裏面のご感想を広告等、書籍のPRに使わせていただく場合がございます。

幻冬舎より、著者に関する新しいお知らせ・小社および関連会社、広告主からのご案内を送付することがあります。不要の場合は右の欄にレ印をご記入ください。

不要 □

本書をお買い上げいただき、誠にありがとうございました。
質問にお答えいただけたら幸いです。

◎ご購入いただいた本のタイトルをご記入ください。

『　　　　　　　　　　　　　　　　　　　　　　　　　』

★著者へのメッセージ、または本書のご感想をお書きください。

●本書をお求めになった動機は？

①著者が好きだから　②タイトルにひかれて　③テーマにひかれて
④カバーにひかれて　⑤帯のコピーにひかれて　⑥新聞で見て
⑦インターネットで知って　⑧売れてるから／話題だから
⑨役に立ちそうだから

生年月日	西暦　　　年　　月　　日（　　歳）男・女			
ご職業	①学生	②教員・研究職	③公務員	④農林漁業
	⑤専門・技術職	⑥自由業	⑦自営業	⑧会社役員
	⑨会社員	⑩専業主夫・主婦	⑪パート・アルバイト	
	⑫無職	⑬その他（　　　　）		

このハガキは差出有効期間を過ぎても料金受取人払でお送りいただけます。

ご記入いただきました個人情報については、許可なく他の目的で使用することはありません。ご協力ありがとうございました。

ミング・必要性・きっかけなど、背景情報がバランスよく聞けると、相手があなたと会うことにした理由がより鮮明になります。相手が会ってくれた理由が単に機嫌が良かっただけ、ということもありますが、時にはそれが大きなチャンスにつながることもあります。余談ですが、わたしの経験則では、週明けの月・火曜日はアポがとりやすいです。

②同業他社の商品を過去に導入した（またはしていない）理由とその背景

「オペレーションの改善提案は初めてですか？」から質問をはじめて、外注履歴・外注評価・現状に対する不満点などを聞いていきましょう。基本的に「なぜだろう？」と思いながら質問していくとスムーズです。

③導入のメリット、デメリットに対する相手の心証とその背景

プレゼンテーション直後に「ひっかかったところがあればお聞かせください」と聞くことからはじめて、相手の質問を拾う形で掘り下げていきましょう。質問された

量・質・意欲のなかに相手の心証が眠っています。

④相手の会社が現在、注力していることの優先順位とその背景

「売上と利益ではどちらが注力事項ですか？」という質問からはじめて、課題がありそうな領域を掘っていきましょう。会社の文化や、大きな成功体験、上司の向いている方向性などの話題が、この的のトピックスです。

⑤相手の会社の導入の判断基準とその背景

「仮に前に進むとなると、検討の流れはどうなりますか？」の質問からはじめましょう。稟議体系、決裁者を含めたキーマンの癖、今稟議に上がっていることなどが背景のイメージです。

このように〝営業景色〟をはっきりさせるために質問を掘り下げていきます。ここで挙げた5つの的はどの事例でも基本的にあてはまりますが、重要なのはより成約に

クリティカルな的と背景をつかまえることです。成約にもっとも近づける要素（的）は何なのか、商材に応じてバージョンアップする視点をもちましょう。それにより、話題に対する感度が良くなり、質問センス、ひいては営業センスを飛躍的に高めることができます。

動機にフォーカスせよ

「動機」とは、「人間がある状況のもとでその行動を決定する意識的・無意識的な原因やきっかけ」のことです。つまり動機にフォーカスすると相手の本音を見破りやすくなるのです。日常会話でも、話したセリフそのものよりも、セリフを言う動機のほうに本音を垣間見ることができます。

たとえば、母親がゲームをしている子どもに「もう11時。歯磨きは？」と注意したとします。母親が「注意する」という行動をとった動機はなんでしょう。

それは、イライラです。では、なぜイライラしたのか。動機のなかに、言われなくとも歯磨きをして、早く寝てほしいという本音が垣間見えてきます。「11時」や「歯磨き」などのセリフ自体に本音があるわけではないのです。

このように、イライラしているという事実のあとに行動をとるので、人は動機を見破られると、ウソがつけなくなります。

一方で、行動のなかでウソをつくことはできます。たとえば、犯罪事件でも同じです。犯行をおかしても自分が犯人ではないかのようにカモフラージュすることはいくらでもできます。しかし、犯行の動機に注目すれば、容疑者の本音が垣間見え、事件の本当の姿がよりはっきりイメージできるようになります。動機を見破ると本音が見えるというのは、犯罪捜査でも有効なノウハウというわけです。

同じように、本音が出にくい商談の場面では、動機にフォーカスすることが有効になります。過去の商談で、相手が次のような行動をとったことはありませんか？

姿勢が前のめりになった
表情が固くなった
感情をあらわにした

急に黙り込んだ
長いエピソードを話した
力説した
声が小さくなった
相槌が大きくなった

商談相手と会話をするなかで、このような行動の動機に意識をフォーカスすると、相手の本音がより見えやすくなります。

実は、これは日常生活のなかで誰しもがやっていることです。たとえば「あの人には○○なところがある」などど、誰しもが他人に対して印象をもっているものですが、それらのイメージは過去の動機分析の集積によって成されています。

つまり、**動機を見て人となりを見破っているのです**。これは同時に、商談相手もあなたの動機を注意深く見ている、ということでもありますので、そのことも忘れないでおきましょう。

本音を判別するのはあなたの「違和感」

相手の本音の判別を可能にするのはあなたの「違和感」です。「違和感」を感じるためには、一貫性のある視点をもつことがポイント。あなたが「ん？」「いや、待てよ」といった違和感に気づけるかどうかが勝負です。

なぜなら、相手の行動や思考のパターンのなかに表れる揺らぎ、違和感のなかにこそ、相手の本音が隠されているからです。この分析を「一貫性分析」と言います。一貫性分析は、1つの要素に対して3つ質問を掘り下げて行い、その3つの一貫性によって本音の判別を行う手法です。

たとえば、相手が「過去に費用面で折り合いがつかずに成約に至らなかった」という話をしたとします。その場合、その相手には「価格の安さが決定条件」という本音があると推定できます。しかしここで、「価格が安いほうが良いに決まっている」と思い込まないことが重要です。あくまで「本音かどうかはまだわからない」と結論を保留にしておきましょう。

そのうえで、本音の判別をします。本当に価格の安さが決定条件なのか確かめるために、一段掘り下げて「過去に折り合いがつかなかったというのは？」などと質問してみます。その回答のなかで、たとえば「価格提示があいまいで不安になった」というエピソードが出てきたら、それが違和感です。「安いほうが良いに決まっている」とは整合しない要素が出ているからです。すると、「価格の折り合いがつかなかったから」という発言は本音ではない可能性が生まれます。

次に、違和感をもった「価格提示があいまいで不安になった」と同じ価格交渉のレイヤーに関することを2つ聞き出します。そのなかで、たとえば「何度か提示金額を変えた」「こちらの希望価格ばかり聞いてきた」などと出てきたら、このレイヤーの3つには一貫性があり、「価格交渉のプロセスで信用できなくなった」というのが本音と判別ができます。

このように、本音は、相手の言葉を表面的に信じるだけでは出てきません。相手が「いいサービスですね」と言っているのに無表情だったり、浮かない顔をしているとしたら、「何かある」とその違和感には気づかなければなりません。

しかし、「何かありましたか？」と直球で質問をしても本音をしゃべってくれるとはかぎりません。相手自身は無意識のため、違和感を感じていないからです。違和感はあなたが推定してはじめて、相手も感じはじめる性質のものです。

したがってあなたが感じた違和感を問題視するかどうか、返ってきた反応に納得できるかどうかを基準にすることがキーポイントとなります。つまり、アナリティカルスキルでは相手に流されず、しっかりと自分の基準をもつということが重要になります。

ニーズ形成はどう進む？

では、相手のニーズはどのように形成されるのでしょうか？

相手の本音がわかればそれがそのままニーズになる、ということではありません。相手がやりたいか、やりたくないか、それについての本音とそれを支える3つの背景をあぶり出すことに成功したら、次はなぜそれが本音なのか、相手が納得するプロセスが必要です。

人は心理で決めて、論理を後付けします。購買動機の第一歩は「おっ、これは良いかもしれないなあ」からはじまります。それから、しだいに購入に向けて気持ちが傾きはじめ、「大きな問題がなければ導入の方向で進めようかな」となります。そして、最後に「だって、こうだものなあ」と、相手が自分自身を納得させる段階に移行します。相手の本音が論理によって理由づけされ、「だから、これが本音だ！」と納得できてはじめて、本音はニーズに変わっていきます。これがニーズ形成です。

この構造は、対法人営業でも対個人営業でも基本的には変わりません。人が決めることには不安はつきものなので、決定者が人であるかぎりは「理由」を求めるからです。

また、法人営業では、決裁者をはじめ、社内の利害関係者に同意してもらわなければならないというプレッシャーが相手の担当者にかかりますから、導入したい理由を説明できる状態にしておくことは、成約に大きくプラスとなります。実際に「商談相手の担当者とはだいたい意気投合し、前向きな商談になるのに、その後の決裁者で失注することが多い」という営業マンを多く見かけます。あてはまると思う方は、とくに論理の後付けを丁寧に行いましょう。

LEVEL UP!

営業トークはこう変える

アナリティカルスキル編

商談冒頭も怖くない！　「リズミカル会話術」

「商談相手ともっとリズミカルに会話ができないものだろうか……」

こんなふうに思ったことはないでしょうか。ここでは、とくに商談の冒頭で使える「リズミカル会話術」をご紹介します。それが、**「観察発言」「同意発言」「ということは質問」**の3つの流れで行う会話術です。

会話はリズム感で成り立っていると言っても過言ではありません。リズミカルに会話を進行させるためには、「会話の型」をもつことです。流れるように間髪を容れずに相槌を打ったり、自然な流れで質問ができるようにしましょう。同じセリフを交わしても、リズムが良ければ、相手に「話しやすい」という心証が生まれます。それによって、会話のキャッチボールがよりスムーズになるのです。

たとえば、商談に部下と2名で訪問し、クライアントは担当者と決裁者が総勢5名で出迎える、という場面。

あなた「業者が人数負けしまして申し訳ありません（観察発言）」
相　手「ははは。いやいや、大所帯でね」
あなた「みなさん（決裁者を含めて）そろわれているほうが効率的ですよね（同意発言）」
相　手「そうとも言えるかな」
あなた「ということは、みなさまがもっておられる情報が異なるということでしょうか？（ということは質問）」↓以降、どの情報までは誰が知っているかを確認しながら話を進めていく。

観察発言は、そのときの具体的な気づきであることがポイントです。話題は、天気、相手の外見、商談の場など、何でも構いません。わたしは半袖シャツで筋肉の筋がすごいという外見を話題にしたこともあります。とりわけ「普通」と違うことに対して感覚を研ぎ澄ませておくと話題を広くすることができます。

「洞察発言」も会話が弾むスキルです。洞察発言とは、単純な観察より一歩深い気づきについての発言のことです。これも、「ということは質問」を活用します。うまくできると、相手は「キミはわかっている」と話に乗ってきます。

あなた「御社の販路は、どんな割合ですか？」
相　手「テレアポと訪問販売で１００％ですね」
あなた「ということは、離職率の高さにお悩みじゃないですか？（洞察発言）」
相　手「そうなんだよ……」↓以降、相手は自社の課題について語りはじめるでしょう。

こうした型をなぞれば、汎用的に会話をリズミカルにできます。会話の型をもつことであなたは心のゆとりが得られ、そのゆとりが会話をリズミカルにしていきます。あなたの会話習慣に合った型を見つけることができると、スムーズに応用できるようになります。

しゃべらせ上手の「決めつけ質問術」――「数字」や「仮説」で具体的に

次は、しゃべらせ上手の質問術をご紹介します。それはズバリ「決めつけて聞く」ことです。明確なものを突きつけられると、肯定か、否定か、クローズド・クエスチョンと同様に相手は答えやすくなります。

しゃべらせ上手の共通点は、「決めつけている」ことにあります。言いたいことを少しズケズケと言う相手のほうがしゃべりやすいのです。「こうじゃないですか？違いますか？」と具体的に切り込まれたら、回答すべきことの姿がはっきりしているので相手は答えを返しやすくなります。相手は聞かれたことに「違うな」と感じたら「私はこう思います」と修正するだけで容易に意思を伝えることができるという負担感の少ない質問という側面もあります。このスキルを政治家相手に巧みに使っているのが、『朝まで生テレビ!』の名物司会者・田原総一朗さんです。

逆に、お互いが「どうしゃべったらいいか」と遠慮していると、会話は弾みません。「ズケズケと言ってくるな」と相手に思われたくないという繊細なタイプの人や、相手に配慮しすぎたり、遠慮しすぎたりするタイプの人は、しゃべらせ下手になってしまうことが多いので、決めつけ質問術をぜひ活用してみてください。

決めつけ質問術の典型は数字を使った質問です。これは本音を判別する質問術としても有効です。

恋愛を例にご説明しましょう。好きな相手に恋人がいるかどうかを知りたいときに「恋人はいるの?」と直接聞いて、「いない」と答えが返ってきても、それが本音かどうかいまいち判断できない、ということがあります。そんなとき、たとえば「キミ絶対モテるよね。恋人3人いるでしょ?」と決めつけて聞くのです。

相手が「3人はいない」と返答したら、「最低1人はいるな」と見当をつけることができます。または「1人もいない」と返答されれば「本当にいないんだな」と見当をつけられる、という具合です。数字は当てずっぽうでよく、あえて具体的にはっきり出すことで、相手の反応から本音を引き出すことができるのです。

営業の場面でも、競合がいるかどうかを知りたい場合は「ほかに3社は提案に来てますよね?」、予算規模が知りたい場合は「予算は100万円ぐらいですか?」などというふうに質問します。

また、うまく聞くコツはほめながら聞くことです。「御社のように大きい会社なら」「部署の規模からすれば」という前フリをして聞けば、相手は気持ち良く答えてくれます。

このような決めつけ質問を繰り返すことで、想定より多いか少ないか、上か下か、という答えを集めながら、〝営業景色〟をプロファイルしていきましょう。「何社?」「いくら?」「いつ?」とオープンに聞くよりも、決めつけて聞くほうが、はるかに役に立つ情報を手に入れることができます。

また、数字を決めつけて聞くことは、分析した〝営業景色〟を確かめるときにも役立ちます。相手のやる気を確かめるときに、数字を交えて質問をすると、営業確度がわかります。やり方は、未来の日付を徹底的に決めつけて聞くだけです。多くの人は「未来」に対しては「今」と比べて危機感が薄いですから、未来の日付についての反応で相手が本当に動く気があるのかどうかを感じ取ることができます。

たとえば、次のようなイメージです。

「明日見積もりを送ります。社内でお話しされるのは、8月27日になりますか？」

「試算は、9月3日までに出します。稟議書の提出は9月10日で可能でしょうか？」

「材料が出そろっていたらご判断は速いでしょうから、稟議に上げるかどうかの判断は、1週間後の20日には可能ですよね？」

このように、具体的な決めつけを行い、その反応を得ることの繰り返しによって、商談を確実に前進させることができます。

「ブーメランカット」で盛り上げる

会話のトピックスとして印象深い言葉を覚えておいて、今話している話題にひっかけて触れるという会話術があります。相手が発した印象的な話題をこちらから持ち出して、相手に働きかけます。これをわたしは「ブーメランカット」と呼んでいます。相手が忘れたころに、お互いにしかわからないブーメラン＝印象的な話題が見えない角度から急に現れると、相手との会話に沸点をつくることができます。この技で相手と仲良くなれる効果は絶大です。

ブーメランは、相手が言った「言葉」のほうが効果的です。たとえば、商談相手が「私はライオンだとすると、上司はティラノサウルスのようなものですから」と冗談を言ったとします。その話題が出た時点では、「ライオン」についての話題はスルーして、「ティラノサウルス」について掘り下げていきます。「肉食獣のようにガツガツしている？」「恐竜のように会社でめったに見かけない？」「見かけが怖い？」などと聞いていくわけです。

この話題のなかで、ブーメランは相手の特徴を示す「ライオン」という言葉です。商談が進むなかで、相手の思考や行動の話題が出たときに、「確かにあなたはライオンですね」というふうに再登場（カット）させるのです。こうすることで、話題としてはスルーされていた「ライオン」が、突然、相手の見えない角度から返ってくる、という演出が完成します。

このテクニックを使うことで、「あなたの話を私は覚えていますよ」とアピールできるのと同時に、会話上手を演出できます。相手はうれしくなり、親近感から急に話し出すことがほとんどです。コツは相手が覚えておいてほしいと思っているであろう言葉（とくに単語）や、場の方向性を示すような言葉をブーメランとしてストックしておくことです。

もう少し例を挙げてみましょう。たとえば商談相手が「昼から3連続商談中」という話題が出たら、「今日のテーマは『手短に』ですね」というブーメランを投げておきます。そうすると、商談を効率的に進めたいときに「今日のテーマは手短に、ですから」と話をショートカットしたり、「今日のテーマは手短に、ですから」と1時間予定の商談を40分で切り上げて、そのかわりに次回のアポイントをもらう、という戦略をとったりすることもできそうです。

お笑いの世界では、同じフリやボケを重ねることを、海老天の海老が2本重なっているところから「天丼」と呼ぶそうです。ブーメランカットの構造もお笑いの天丼と同じで、相手が忘れたころに突然ブーメランが返ってきたように演出すると、会話としてウケます。

慣れてくると、違うブーメランが3つぐらい立て続けに返ってきた、というような演出もできるようになります。ここでは会話術としてブーメランカットを紹介しましたが、商談の終盤にクロージング技術としても十分使える技です。

たとえば、商談の中盤で相手から出た導入可否のキーポイントを全部覚えておいて(ブーメランを投げておく)、商談の締めのタイミングでそれらに触れることで、ブーメランが一斉に返ってきたように演出をすることができます。相手が話したキーポイントですから、この話法でたたみ込まれると、NOを言える人はそういません。

まとめ

これを押さえれば本音がわかる！ニーズが生まれる！

●NG質問を避け、後出しジャンケンに持ち込め↓p.098

●本音を探る「的」の絞り方↓p.104

●一貫性分析で違和感アラームを発動↓p.112

●ニーズはつくるもの↓p.114

●リズミカル会話術↓p.116

●決めつけ質問術↓p.119

●ブーメランカット↓p.122

第4章

心をつかむ技術

グリップスキル

GRIP SKILL

あなたの考えや経験にあてはまる項目に
チェックを入れてください。

- □ 嫌いな人は好きになれない
- □ 相手が自分に好感をもつかどうかは相手しだい
- □ 営業活動で相手をほめることに特段のリスクはない
- □ 自分がどこをほめられたらたまらなくうれしいか、あまり考えたことがない
- □「営業活動であなたのどの部分が相手を魅了するか？」と聞かれても答えが思い浮かばない

✕

前ページの項目にチェックが多く入るほど
あなたの理解が間違っていて、
あなたは相手の心をつかめないということを意味します。

商品の良さだけでは購買意欲は高まらない？

グリップ力は、あなたの営業を大きく差別化します。たとえば、ＦＡＸやメールで来た商品案内を見て、「すごい！　買いたい！」と思ったことがありますか？　気になったことはあっても、ほとんどのケースでは問い合わせまで至らないのではないでしょうか。

それは品質が良くないからでしょうか？　答えはＮＯです。

ＦＡＸやメール、リーフレットなどで案内が来たからといって、品質が悪いとはかぎりません。品質が良いという要素は、相手からすればあってあたりまえのものなのです。購買意欲のマイナス部分を補う効果はあっても、購買意欲をプラスに高めるわけではありません。

では、購買意欲を高めるものは何なのでしょう？　それは相手の「**執着感情**」です。つまり、商品や会社、営業に対して「すごい！」と思って抱く**ファン心理、その度合い**です。大ファンの誰かのグッズを買ったことは誰でもあるはずです。グリップ力とは、この相手を魅了してファン化する力のことです。

人は好意のもてない選択肢は捨てる、感情の生き物です。トップ営業マンの多くはトークが魅力的です。同じ会社で、同じ商品を売っていて、経験年数も同じ場合、営業の成績がトップと最下位では大きな差が開くのがふつうです。この要因は、商品の差ではありません。スキルレベルの差であることは明らかです。そして、この差の要因こそグリップ力なのです。グリップ力は、営業力を差別化する大きな要素のひとつになっています。

アナリティカルスキルで相手のことをしっかり分析できたら、次は相手の心をつかみ、自分のファンになってもらう「グリップスキル」で、〝相手を魅了する営業〟を目指していきましょう。これは、「顧客との関係構築スキル」と言い換えることもできます。

当然ですが、会社は売れると思って商品・サービスを開発しています。会社は、それを売るために、自社の営業にお客さまと良好な関係を築いてくることを求めているのです。グリップスキルは、あなたの営業を他と差別化し、会社があなたに求めていることを叶えてくれるものなのです。

自分が誰にどこをどうほめられたら、たまらなくうれしいか

「誰にどこをどういうふうにほめられたら、たまらなくうれしいか？」

この質問の答えを一度、考えてみてください。グリップスキルのゴールイメージのすべてがここにあります。迷ったら、ここに戻りましょう。

人は、ご存じの通り社会的生物です。一人では生きられません。そのため、他から承認されたいという強い欲求をもっています。現代では、物質的には満たされていますから、なおさらその傾向は強くなっています。グリップ力は、誰もが強くもつそん

な承認欲求をいかに使いこなすか、ということがテーマです。

この際、相手をいかに肯定するかにあたっては、相手が自分自身を肯定することがポイントとなります。それをセルフエスティーム（自己肯定感）と言いますが、これは、自分が自分を信じるだけでは満たされません。他者との関わりのなかで、客観的に受ける承認とあいまってはじめて満たされるのです。つまり、自分が自分を承認している（自信がある）という状態だけでは足りず、他者承認（事実や実績も含む）と自己承認のバランスによって成り立っているのです。

たとえば、トップ営業マンは自己肯定できているし、トップだと他者承認も得ていますから、自信がない人はいない、というわけです。この他者承認を相手に対してうまく与えることが、グリップスキルの最初のポイントです。

営業マンはセルフエスティームを高めよう

余談ですが、視点を変えて、「営業相手は誰に承認されたいか」という観点もあります。自信のない営業マンに承認されても、相手の承認欲求が満たされることはありません。そういう意味でも営業マンは、自分自身もセルフエスティームを高めていかなければならないのです。

これは、営業マンをマネジメントする立場の方には覚えておいてもらいたいことです。営業マン育成は、営業担当のセルフエスティームを高めることにかかっていると言っても過言ではありません。失敗してもセルフエスティームを落とさないチームが、良い営業マンを多く育てることに成功しています。

人はブレる生き物

「人はブレる生き物である」。これを前提にすることが重要です。仮に、全世界のすべての人が頑固一徹だったら、共感というものは存在しないことになります。しかし、感動的な話を聞けば、ブレて泣くのが人間、人生の答えを求めて宗教を信じるのも人間、なんとも思っていなかった相手から「好きです」と告白されるとちょっと考える、というのが人間ではないでしょうか。

合意形成、つまり共感は、人がブレることによって初めて存在する観点です。一般的にはブレやすいというのは良くないイメージがありますが、これは実はすばらしいことではないでしょうか？　ブレがあることで、話し合いでお互いの見解・合意内容が変わるという大切な「隙間」が生まれるのです。

次に、相手のどこをブレさせればよいのかという観点が重要です。「必要ではないものを、さも必要かのようにブレさせる」というのでは、自分の利益のために相手を利用したことになってしまいます。そうではなく、ここでブレさせるべき対象は感情です。自分や相手の心を動かすのです。

ここでは、次の2点を覚えておきましょう。

①人間はブレる生き物である
②相手と自分の感情をブレさせる

感情はシンクロするものなのです。

嫌いな相手も好きになれる

相手に自分を好きになってもらう最大のポイントは、まずは自分が相手を好きになること。そのために、まずは自分の好き嫌いの感情をコントロールする、という発想をもつことが重要です。

もちろん、ビジネスの場面で出会うのは自分が気に入るような相手ばかりではありません。苦手な相手は必ず出てきます。しかし、そんな相手でも自分の感情をコントロールすることで好きになり、相手にも好意をもってもらう秘訣があります。その方法は2つです。

①好き好き自己洗脳

まず、「好き好き自己洗脳」。これは単純に、「○○さんが大好きです」と口に出して自分を洗脳するというやり方です。嫌いという感情には思い込みがありますから、それを解くのです。最初は間違いなく抵抗感がありますが、一歩を踏み出さなければ何もはじまりません。あなたが嫌いな相手とは絶対に良い合意はできません。わずかな可能性にかけて嫌々商談に通う努力をするより、自己洗脳をして相手を好きになったほうがはるかに近道なのです。

この目的は、相手に対する自分の親しみやすさを高めるということです。親しみにくさは、相手からは意外なほどよく見えます。感情は、どれだけ注意しても隠しきるのは容易ではありません。そのため、相手にどうしても親しみを感じることができないときは、黄色信号です。

言葉とは不思議なもので、実際に口に出してみると、その通りの感情が湧いてくるようになります。嫌いな相手を「嫌いだ」と言い続けていると、ますます嫌いになっていくというのはよくありますが、大嫌いな相手であっても、好感をもって「大好き」とずっと言い続けていると、自分で思っている以上に好意が湧いてくるので、試してみてください。

わたしは、重要な商談の前には、最寄り駅から相手先まで、好き好き自己洗脳をやり続けます。こちらの親しみが冒頭から相手に伝わり、自然に会話がはじまるという効果もあるのです。名刺交換が自然にできないというような悩みがある方にもお勧めです。

余談ですが、これは「大好き」だけではなく、「楽しい！」「うれしい！」「絶好調！」などでも同じ効果があります。転用すれば、自分自身の状態マネジメントにもってこいなので、ぜひ試してみてください。

②本物の感情表現

表現力は果てしなく高めていくことができるものです。まず、営業上のセリフは「意図」を踏まえることで表現力が格段に増します。「ありがとうございます」「おはようございます」も、言い方しだいです。たとえば、「ありがとうございます」は感謝伝達（ありがたい）が目的ですから、最初の「あ」の発声に力を入れるとより感謝しているように聞こえます。「おはようございます」は相手の存在確認（同じ時間や場所をともにしている、「いる」ことの確認）が目的ですから、「います」の発声に力を入れるとより丁寧な印象となります。

このように、セリフの意図を踏まえると、社交辞令の言葉たちがまるで一気に生命力をもつかのように躍り出します。

これができるのとできないのとでは大違いです。わたしは、社会的地位の高い方ほど、このスキルが高いと感じています。営業では、時にはこれだけで「あの会社の営業マンは挨拶がしっかりしている」と驚くべき効果を生むこともあるのです。

次に、感情を感じさせる表現習慣を身につけることで、あなたの表現力は大きく変わります。演技のプロである役者がリアルな感情表現で心がけるのは、その感情をまず頭に思い浮かべることだといいます。「つらい」ことを表現するなら、まず頭のなかにつらい感情を思い浮かべたり、つらかった場面を思い出したりする。そうすると、演技の表現力が一変するそうです。

ビジネスの場でもまったく同じで、「感情を頭のなかに思い浮かべてから表現する」ことが重要です。大根役者が不自然に見えるのは、感情と表現の不一致を相手が感じるからです。たとえば、会社のエントランスに向かう途中、「今日は面談のお時間をもらえて本当にありがたい。うれしい」と頭のなかで唱えるのです。そのあとで挨拶をすると、同じ「こんにちは！　はじめまして」という言葉でも、目の輝きや表情などがまったく違う印象となります。自然とそうなるのです。

これは相手の話を聞くときにも有効で、グリップ効果は絶大です。相手の言葉に対してまず「感情」を見せ、そのあとに言葉で「表現」する。これだけで、相手に「本当によく話を聞いてくれている」という印象を与えることができます。

先手の美学

こういったパフォーマンスは、相手の心をつかむためには決定的に重要です。たかが挨拶ですが、されど挨拶。挨拶ひとつとっても、相手の心をしっかりとわしづかみにしていくことが可能です。

大切なポイントは、まず「相手を好きだと決める」ことです。人のことを見直すとき、よくあるのが、「普段は好きになれなかったけど、飲み会で本音で話してみたらいい人だった」というパターンですが、これでは遅すぎます。グリップスキルの感情コントロールは、常に自分が主体となることが大切です。まず自分から相手へ好意をもち、その感情へ相手を巻き込み、ブレさせいくのです。

承認欲求の的を狙え

グリップスキルでもっとも重要なのは、言わば〝的〟、つまり相手のどこをほめるか、です。「相手の自己評価」がその的に当たります。相手が自分を高く評価している点を見つけましょう。それをグリップコンパスと言います。

さらに言えば、承認欲求がとくに強いのは、「自分では結構いいと思っているのに周りからの評価が低い」というポイントで、これがど真ん中です。会話のなかで、相手の自己評価が読み取れる点にフォーカスします。

少し会話でイメージしてみましょう。


「鮮やかなタイですね」

「父の日のプレゼントで」

「そうですか。娘さんですか？」

「それが息子からでして」

「へえ、仲良いんですね。おいくつですか？」

「16歳です」

「おお、16歳の息子さん。それはご立派ですね」

「いやあ」

「いやいや、子育てはマネジメントに通じますから」

「確かにそうですね」

「絶対コツがあるんでしょう？」

「そうですねえ、強いて言えば……」


ここから、マシンガンのように相手が話し出したら、自己評価しているということになります。逆に、あまりトークに相手が乗ってこなかったら、的外れということです。また、話の途中で、より中心に近いかもしれない的があると感じたら、前の的は捨てて、どんどん切り替えるほうがグリップコンパスをうまく見つけられます。相手のグリップコンパスをほめれば、百発百中で承認欲求を満たすことができます。

逆に、グリップコンパスを外した「ほめ」はまったく意味がないので注意しましょう。わたしは身長が188㎝あり、「背が高くていいですねえ」とほめてもらうことがあります。しかし、わたしにとっては背が高いことは不便ばかりで、あまり良い思いをしたことがありません。つまり、わたしは背が高いことを自己評価していないのです。

このように、的を外したほめ言葉ほど相手からすればどうでもよいものはありませんので、注意しましょう。

一番効くポイントを一撃でしとめる

クライアントをやたらとほめる営業マンをよく見かけます。「好かれたければ相手のことをほめなさい」とよく言われるからでしょうか。しかし、営業の場では、相手をほめすぎてはいけません。大切なことは、「一番効くポイントを一撃で」です。実は、ほめすぎはウソつきと感じられてしまい、関係性や主導権を破壊してしまうリスクがあるので要注意なのです。

とくにアナリティカルスキルで分析ができていない面談の冒頭では、ほめることに慎重になりましょう。いきなり相手をほめるところからトークに入ってはいけません。相手は「自分のことを知らないくせに、適当なことを」とかえって距離を置かれてしまいます。

そして、的を絞れたら、一撃でしとめることが重要です。同じ的を繰り返しほめると、的が合っていても効果が半減します。一撃でしとめられれば、相手は「伝えたい」モードにスイッチ・オンします。的を外してばかりいると、相手があなたの「承認」を受け入れにくくなるので注意しましょう。

グリップコンパスがわかりやすいのは、過去の栄光談です。お年寄りは軍隊と孫の話が鉄板で盛り上がるといわれますが、これは本人の一番の自慢だからです。過去に成功した自分、すごく努力した自分、大きな結果を残した自分、心身ともに強い自分……。そういった自己評価が高められると、承認欲求を満たすことができるのです。相手の過去の体験などを分析するなかで見えてきた、最も相手の自己評価が高い一点に慎重に的を絞り、そこに一撃を入れましょう。

本音の表現は「間をはかり」「喜怒哀楽」を「一方通行」で

相手の自己評価にふれるとき、より効果的な方法があります。ポイントは、「相手からあなたの本音だと思われやすいかどうか」です。「それだけ？」と思うかもしれませんが、これはまるでアートのように無限に正解を生み出すことができます。本音を表現するコツは、**「間をはかり」「喜怒哀楽」を「一方通行」で**、です。ここでもやはり重要なのは演技力・表現力です。

いくつか例をご紹介します。

「げっ!?（間）それだけでそんな大きなことができたんですか？　マジか……」

これは「驚き＋（間）＋つぶやき」の組み合わせです。感嘆詞を効果的に使いましょう。

「なんですかそれ！（間）それでその案件はうまくいったんですか？　やっぱ違うなあ」

これは「怒り＋（間）＋独り言」の組み合わせです。相手のことがうらやましくてつい怒ってしまう、というニュアンスで伝えます。

「つらい！　泣きそう……。（間）」

これは「哀しみ＋独り言＋（間）」です。哀しみを表現する場合、後ろに間をとったほうが効果的です。

本音を表現するには、まず、何の感情か決めること。そして、感情をどのような間で出せば効果的か考えましょう。さらに、表現は**「ぼそり」**と**「独り言」**として**「つぶやく」**ようにするのがコツです。そうすると、あたかも素で反応しているかのような表現ができます。

「素の演出」はやりすぎると、相手から馴れ馴れしいと思われるリスクもあります。ただ、そうした場合も、間髪を容れずに「あっ、失礼いたしました」とひと言言えば、怒る相手は絶対にいません。あなたにとってこれは演出であり、本当の意味での

「素」ということではありません。躊躇せずに、実践してみてください。

相手との関係は3段階で高める

相手が自己評価するポイントにふれ、かつ本音表現の演出に成功すると絶大な効果があります。いわば相手が「キミ、わかってるねえ」と思っている状態です。相手は自分が認めてほしい自己評価をあなたが本音で称賛していると感じているので、一気に会話のボルテージが上がります。相手が急に饒舌《じょうぜつ》になったり、マシンガンのようにしゃべり出したら、1段階目のスイッチが入ったと見てよいでしょう。

1段階目に入ったところで、さらに、対話のなかで出てくる新たな相手の自己評価ポイントに対して、質問を挟みながら話を聞くスタンスをとると、2段階目に移行します。相手が「おお、そうか！」とあなたの提案や切り口、話に聞く耳をもつようになるのです。これで、お互いが「共鳴」する関係となります。

最終的に「わかるのはキミだけだ！」となれば3段階目です。誰も承認したことのない相手の自己評価にたどり着けるかどうかがポイントです。ここまできたら、相手はあなたの熱いファンです。

この段階では、相手の地雷を多少踏むような失敗があっても壊れない強い関係性が生まれています。これがグリップスキルの最終的なゴールです。

LEVEL UP!

営業トークはこう変える グリップスキル編

自己説得型質問で、好意を強化する

相手のあなたに対する好意を高めるテクニックのひとつに、「自己説得型質問」があります。相手にあなたを選んだ理由を自ら口にしてもらうことで、あなたに対する好意が増す、という効果が得られるのです。こういった心理誘導や問いの枠組み設定はすでに紹介していますが、グリップスキルにおいても非常に有効です。まずは、わかりやすく飲み会の例でご説明しましょう。

（例）「あの飲み会は、どうしてあんなに盛り上がったんだろう？」

こう問われると、相手は「飲み会が盛り上がった」という前提で、その理由を探しはじめます。そして、「メンバーが良かったからだ」「店が良かったからだ」などと、思いついた理由を口にするでしょう。すると、「飲み会が盛り上がった」という意識がより強化されていくのです。つまり、質問のしかたによって「飲み会が盛り上がった」という感覚へ相手は心理誘導されているわけです。

これが活用できるのは、過去の選択や行動を深掘りしていくときです。商談の場だと次のようになります。

(例)

あなた「たくさん営業が来ますよね？　1日5件くらいですか？」（アナリティカルスキル：決めつけて質問）

相　手「そうだね、うん、そうかなあ？」

あなた「（5件よりは少なそうだ）たくさん競合がいるのに、どうして弊社に商談の機会をくださったんですか？」

このような流れのなかで「自己説得型質問」をできるとベストです。

「自己説得型質問」は、商談のなかで繰り返し使うことがポイントです。うまく使えば、相手のなかでぼんやりしているあなたへの「興味」が、具体的な「好意」へと育っていきます。ただ、唐突に聞いたりすると傲慢に聞こえてしまい逆効果になるので、強引に誘導しないように気をつけましょう。あくまで、相手の過去を深掘りするプロセスで、自然な流れで聞くのがベストです。

まとめ

これを押さえれば心をつかめる！差別化できる！

- 自分の感情へアプローチする↓p.130
- 相手の感情へアプローチする↓p.134
- 本音を表現するコツ↓p.142
- グリップレベルは3段階で高める↓p.145
- 自己説得型質問で、「好き」へ心理誘導↓p.147

第5章

ベクトルを合わせる技術

アジャストスキル

ADJUST SKILL

あなたの考えや経験にあてはまる項目に
チェックを入れてください。

□ 相手に何を言っても伝わっている感覚がないときは、自分の伝え方が悪い

□ 営業は最終的には押しの強さが欠かせない

□「自社商品・サービスは相手から見て魅力的なはずなのに、なぜ買わないのか？」と思うことがある

□ 営業相手とのあいだに「共通の敵」と呼べるものはいない

□ 相手の期待値を高めすぎて、あとで追い込まれることがよくある

×

前ページの項目にチェックが多く入るほど
あなたの理解が間違っていて、
あなたは相手と同じ方向を向けないということを意味します。

「営業は売る行為」ではない

ここからは、いよいよ商談の総仕上げです。みなさんは「営業は売る行為」と聞いて、あたりまえと思うでしょうか？　次のステップに入るうえで邪魔になるのが、実はこの一見常識的な「営業は売る行為」というスタンスです。たった今から、これを**「営業は相手と一緒に買う行為」**とあらためてください。

「一緒に買う」とはどういうことでしょうか？

営業マンの最大の敵は、お客さまとの利害衝突です。ビジネスは利害のるつぼであり、営業活動はその最たるもの。こちらの損害が大きいほど、相手の利益が大きくなるという、言わば綱引きです。ですから相手とあなたの利害が対立している状態では、あなたがいかに相手のことを思って何かをお勧め＝売ろうとしても、空振りとなるのは自然なことなのです。

そこで、相手と利害のベクトルを同じ方向に向けること、つまり「一緒に買う」というスタンスをとることがクロージング段階に入る前に必要不可欠となります。

この段階では、前出のアナリティカルスキルで相手の利害景色は見えていて、グリップスキルで相手はあなたのファンになっていることが前提です。この2つの条件がそろった状態で初めて「アジャスト＝利害のベクトルを合わせること」が可能になります。アナリティカルで商談の落としどころを〝どちらにもっていったらいいか〟が突き止められ、グリップがその落としどころへの〝誘導力〟になる。そのうえで、最後のステップに入ります。

あなたに決定権はない

ここで、ゴールに向かうにあたって重要なのが3つ目のポイントです。

C　買うのを決めるのは誰ですか？

この成約を実現するために必要となるのが最後の2つのスキルです。

⑤ベクトルを合わせる技術＝アジャストスキル
⑥YESをもらう技術＝クロージングスキル

ビジネスで最終的に合意を決めるのは相手です。提案先の会社の決裁者です。しかし、このシンプルな現実を見逃している営業マンがたくさんいます。俗に言う「押しのクロージング」で相手に逃げられているケースです。グリップが上手に機能すると、商談は熱を帯びてきます。ところが、相手と同じ利害の目的をもてなければ、時が経つにつれて、相手の優先順位は下がっていきます。熱が冷めてくるのです。結末は明らかです。白黒付かない営業見込みの山です。

「営業マンのあなたに決定権はない」

この現実を踏まえれば、相手が決めやすい状況をつくることが不可欠だとおわかりいただけると思います。それが、あなたと相手のベクトル合わせなのです。ベクトル合わせは、相手の利害を掘り起こすことで行っていきます。クロージングがうまくいかない人の大半は、「営業は売る行為」だと捉えています。

この場合、実は課題はクロージングではなく、アジャストにあるのです。利害衝突というものは、〝こちら側〟と〝あちら側〟に境界線を生み出すものです。国と国、会社と労働者、夫と妻、上司と部下、そして営業と営業相手。世の中のあらゆる揉めごとは〝こちら側〟と〝あちら側〟の利害が共有できていないことが原因です。

いかに、「こちらもあちらもない」という状態に持ち込むことができるか。つまり、利害統合を行う力が重要となります。そして、これからご紹介するアジャストスキルこそがまさにそのための技術なのです。

合意可能な領域を広げよ

では、相手との共通利害はどのようにすればもてるのでしょうか。共通利害は創り出すものであり、付加価値がそれを可能にします。

たとえば、「安く買いたい」という相手の利害にそのまま応えるなら、競合他社とのコンペのなかで一番安くするしかベクトルを合わせる方法はありません。これが利害の重複部分が「線」でしかないイメージです。しかし、相手が安く買いたいのは、「各社の商品に大差はなく、付加価値なんてない」と思っているからかもしれません。この場合、あなたの提案に相手の利害をしっかり踏まえた付加価値がついていれば、価格を下げなくても「他社と比べると質の割に安い」と評価され、相手の利害に合致することが不可能ではなくなります。このように、付加価値には合意可能領域を広げる効果があります。これが、利害の平面を空間にするイメージです。

価値を感じてもらう前に価格説明はするな

もっと具体的な例で説明しましょう。あなたは商品を1万円で買わせたいと思っていて、A社は8000円で買いたいと思っているとします。この場合、価格交渉だけでは、お互いの利害にずれがあるので合意に向かってベクトルをもつことができません。むしろ決裂に至りやすい状態と言えるでしょう。

そこで、たとえば、あえて相手に7000円で買ってもらう提案をする。その代わりに、自分にとっても1000円の付加価値を探させてもらうのです。そうすれば、交渉が合意に向かってベクトルをもてるようになります。

その付加価値とは、たとえば相手の倉庫は在庫ストックが可能な状態で、購入のボリュームを増やせるということかもしれません。相手が同業の会合でリーダー的地位にあり、5社の新規営業先の紹介くらいであれば、簡単にお願いできるかもしれません。相手には資金力があり、一括払いが可能かもしれません。これらはすべてWin-Winの付加価値につながります。

このように、付加価値の創造が、お互いのベクトルを合わせていく原動力となります。付加価値は「価値」ですから、金銭的な価格へ転換させやすいことがポイントです。これは逆の順番では機能しません。営業面談の序盤で価格説明をする営業マンを多く見かけますが、これはNG。**価格とは価値**なのです。相手が付加価値も含めた価値を感じていない段階で価格を示しても、単なる価格勝負になるだけです。買いたたかれやすくなります。相手とベクトルを合わせるためには、価格ではなく、価値にフォーカスし、掘り下げることが重要です。

ハーバードの最先端交渉学「枠組み転換」とは?

交渉の「枠組み転換」とは、世界で最も交渉学が進んでいるアメリカのハーバード大学で提唱されている世界最先端の交渉手法です。文字通り、交渉の枠組みを変える手法です。通常、合意に向けた話し合いは、お互いの利害を踏まえて、どのような方法を用いればお互いの課題が解決できるか、という観点で展開されます。

ですが、課題が大きすぎて、方法が思いつかないことがよくあります。方法が思いつかないということは、付加価値がどこにあるかわからないということです。当然、話し合いは行き詰まり、合意形成はベクトルを失い、進まなくなってしまいます。そこで、お互いの付加価値になることを発想するための強力な武器となるのが、この枠組み転換なのです。

枠組み転換のメカニズム

枠組み転換は、無意識下にある枠組みを自覚的に捉え、創造的に転換することで、解決方法を導きやすくするメカニズムです。枠組みが変わることで、思考をフォーカスしている領域が転換され、「それなら！」という発想が湧く、というイメージをもつことが重要です。

価格交渉で具体的にイメージしてみましょう。ある商品を相手は5000円で買いたくて、あなたは7000円で買わせたいと思っているとします。この場合、「利害」という枠組みでは、もちろん合意がとれません。そこで、「相場」という枠組みに転換してみます。

すると、業界の価格相場は6000〜8000円で、5000円で商品を提供できる会社はそもそも存在しない。この枠組みでは、相手がどうすれば6000円を出せるかという方法論が課題解決の枠組みに変わる可能性が生じます。

それでも、相手はどうしても５０００円で買わなければならない理由と背景があるとします。その場合、たとえば今度は「取引量」という枠組みに変えてみます。そうすると、話のテーマは通常の何倍の量で取引できればよいかになるでしょう。

それでも、５０００円で合意できなければ、さらに「原価」という枠組みに変え、あなたの会社の人件費を減らすという方法も考えられます。あるいは割引をする代わりに、長期的な専売契約を結ぶことがあなたにとっては付加価値として浮かび上がってくるでしょう。こういったプロセスのなかで、５０００円の取引を実現できる合意の可能性が確実に高まっていくのです。

このように、転換できる枠組みがあるかぎり、話し合いが行き詰まることはありません。価格についての代表的な枠組みは、先ほど挙げたように単価・取引量・時間軸などですが、他にも関係性、安全性、安定性などに設定は広げることができます。極端な話、相手の担当者の社内評価という枠組みでも設定が可能です。重要なのは「付加価値」です。

このように、枠組みを自由自在に操れる人のアイデアは尽きることがありません。

枠組みの転換に慣れてくると、自分が一体何を目的として営業という仕事に取り組んでいるのか、より強固なイメージがもてるようになります。認識を思い込みから解き放ち、自分の発想がどんどん自由になっていく感覚をぜひ味わってみてください。

奇跡の合意

枠組み転換には、一見不可能なことを可能にさせてしまう魔法のような効力があります。そして、これが当事者間で形成された最終合意に対する印象を劇的に変えます。つまり、積み上げられた奇跡のプロセスを当事者が貴重に思うようになるのです。「同じことをしようとしても二度とできそうにない」という感覚です。必然的に、合意内容に対する双方の満足度は増し、合意を互いに守ろうと行動するという効果が生まれます。

この効果は、この後のクロージング、合意の遂行に大きな影響を及ぼします。1人では課題もわからず、解決できない相手に対してあなたが接触し、2人で解決していこうとするのが合意形成のプロセスです。そのなかで、「もう一回やれと言われてもできない」という稀有なプロセスを経るほど、合意が強くなるのです。そのためにも、その場でしか思いつかなかったであろう枠組みの転換を行うことが重要なのです。

余談になりますが、枠組みを柔軟に転換できるようになると、相手を巻き込みベクトルを合わせることが容易になってきます。このスキルは、企画にも経営にも転用できます。

極端な事例ではありますが、6年前の実話をご紹介しましょう。わたしが代表を務めるギブ・スパイラル・ジャパンもそうでした。何をやっても従業員と一体感を感じないなか、業績は低迷、経営に大きな行き詰まりを感じていました。しかし、この枠組みではいかに従業員への接し方を改善しても従業員と同じ目的はもちえません。

そこで、悩み抜いたわたしは思い切った人事評価制度を設計し、採用しました。それは、自分の給料を従業員自身が決めるというシステムです。運用がはじまると、会社と従業員の〝こちら側〟と〝あちら側〟の境界線がなくなっていきました。会社の業績が良ければたくさん給料がもらえるし、従業員の生産性が上がれば会社の業績が良くなるという循環が生まれ、同じ目的をもつことができるようになったのです。

「会社と従業員がともに業績を上げる」というベクトルが生まれたわけです。

いま思えば、わたしがしたことは、「会社の利益」から「従業員の利益」への創造的枠組み転換でした。この経験のおかげで、わたしは現在も目標へ向かって一緒に挑戦したいという仲間たちと強い一体感を感じながら、仕事ができています。とても幸福です。

このように、枠組み転換のスキルはチームビルディングやマネジメントにも転用できるのはもちろん、あらゆる日常の行き詰まりに活かせます。この思考を応用することが奇跡の技を習得する近道となりますので、どんどん活用してみてください。

『ドラえもん』に学ぶ「共通の敵」の効果

相手と共通利害を創り出すことができたら、次はベクトルをより強化しましょう。そのためには、「共通の敵」の存在が役に立ちます。商談の場で一緒に向かうべき領域が見えていれば、相手とあなたは言わば同じ目的に向かうチームになった状態です。共通の敵には、このチームの仲間意識を育てる効果があるのです。

共通の敵と言えば、わかりやすい例はTVアニメ『ドラえもん』です。通常、のび太はジャイアンに無茶な要求をされています。ジャイアンの利害は「退屈しのぎ」にあり、ジャイアンはいつも楽しそうなことを探しています。のび太はジャイアンの無理難題に困り果て、ドラえもんに泣きついて、ひみつ道具を出してもらいます。30分のTVアニメは、ほぼこの構造で話が進みます。

ところが、劇場映画になると、普段はいない地球の平和を脅かす共通の敵が現れます。これにより、ジャイアンの「退屈しのぎ」は最高の形となります。「悪者をやっつける」「大冒険できる」というのはジャイアンにとって、これ以上ないほどの退屈しのぎだからです。ジャイアンの正義感に、のび太のもつ「地球の平和を守らなくちゃ」という優しさがシンクロし、2人の関係に同じベクトルをもたせるのです。

ジャイアンのセリフは「のび太のくせに生意気だぞ」から「のび太のくせにやるじゃないか」に変わります。ひみつ道具は、「のび太の悩みを解決するため」ではなく、「地球を平和にするため」に使用されます。

彼らは同じ目的に向かって、ひとつのチームになるというわけです。共通の敵が強いほど、のび太とジャイアンの仲間意識は高まります。このように、TVから映画になるときのアニメ『ドラえもん』のなかに、共通の敵理論のモデルが凝縮されています。TVと映画の違いは、共通の敵が出現したことだけなのです。

営業でも、この構図は同じです。

たとえば相手の会社の「売上アップ」が共通目的となっていれば、「競合」「不景気・増税」「売上を抑制する社内要素」などを共通の敵に設定することができるでしょう。稟議をどう通すかで相手が困っていたら「稟議体系」や「上司・決裁者」を共通の敵として仲間意識を高めていくことも常套手段です。なかには、自分の営業ノルマを相手との共通の敵としてお願い営業をする強者《つわもの》営業マンもいますが、自分の強敵よりも、相手の強敵を共通の敵として設定したほうが効果的です。

共通の敵を選ぶポイントは相手の「危機感」にあります。優秀な経営者やリーダーほど、強い危機感をもっているもの。「いまその敵と戦わなければジリ貧だ」と相手の危機感を煽りながら、敵の姿をはっきりさせていくとうまくいきます。相手が決裁者でなければ、社内の出世のライバル、いつも邪魔をしてくる厄介な存在などを選ぶのも有効です。相手は自社愛が強いのか、社長愛が強いのか、商品愛が強いのか、業界愛が強いのか……これらも選択の参考材料になるでしょう。

当然ですが、共通の敵は強ければ強いほど仲間意識が強くなる効果があるので、敵のなかから、もっとも強い敵を選ぶべきです。つまり、相手がもっとも強く危機感をもつ対象を見極め、そこに働きかけることがポイントです。

相手の味方スタンスでものを言う

共通の敵をつくる際に、トーク術として重要なのは、「相手の味方スタンスでものを言う」ことです。

共通の敵を出現させることに成功したら、次は「あなたにとっての敵は、私にとっても敵」ということを相手に信じてもらう必要があります。やりすぎは禁物ですが、「悪者を仕立てる」ということも有効になります。自分がいかに共通の敵を憎み、嫌っているかを力説するのも手です。

しかし、ここでは、相手があなたを一貫して味方だと捉えることが重要なので、相手の立場に立ってものを言えているかどうかが最大の演出どころとなります。会話の流れのイメージをもちましょう。


「目的は貴社の売上ＵＰです」

「あなたが決裁者さまならやるべきだと思いますか？」

「そうすると、稟議が障壁ですね」

「一緒に作戦を練りましょう」

「過去に落ちた稟議のパターンは？」

「キーマンはどなたでしょう？」

「支援してくれる方はいないでしょうか」……


という具合です。このように、あくまで相手のためにやっているように見える表現を選ぶことがポイントです。

「わたしはあなたの味方です」という演出がうまくいけば、相手はあなたに心を許し、安心して身を委ねるようになるので、スムーズにクロージングにつなげていくことができるようになります。ここまでくれば、あなたは「失注する気がしない」という感覚を覚えることができるはずです。

相手が決められない最大の理由

相手の決断を促すには、期待値調整が重要となります。期待値調整とは、一種の「印象操作」です。相手の決断を促すには、決断してもらいたいその瞬間に、それまでの期待値と実際の提案とのあいだに大きな印象のギャップをつくることがポイントとなるのです。

期待値調整を行う適切なタイミングは、相手が商談を真剣に考え、口数が少なくなったときです。これがうまくいかなければ、相手はいざその時というタイミングに決めることができません。導入決定は勇気がいるもので、決断にはリスクがともなうからです。期待値と提案のギャップが最大化したとき、相手は最も決断しやすい（決定動機のある）状態になります。このギャップをつくるスキルが期待値調整術です。

商談の序盤でありがちなミスが、相手の「期待感を上げすぎる」ことです。商談を成功させたいがゆえに、良いことばかり伝えて相手の期待値を上げすぎてしまうのです。これは、「自分でハードルを上げている状態」ということができます。商談では、**期待値を抑えながら進み、クロージング時に急激に上げるべきもの**なのです。

一方で、クロージング時に爆発させた期待値をそのままにしておくと、取引開始後に現実の印象とのあいだにギャップが生じるという問題が起こりがちです。これは、サービス導入後にクレームに発展する典型的なパターンです。ですから、サービス導入後は期待値を下げ、現実の印象との乖離《かいり》を少なくしなければなりません。つまり、**商談の段階によって、期待値を操作できなければ、合意形成をアジャストすることはできない**ということです。これが期待値調整術の必要性です。

期待値調整術① ネガティブ要素を前置きする

期待値調整で最も意識すべきなのは、順番です。

「順番の科学」とも呼ばれる方法論があります。期待値とは相手の印象でしかありません。そのため、情報を出す順番が大きく影響します。期待値を抑えるには、ネガティブ要素をいかに出すかが重要です。
たとえば、あなたは次の2つのうち、どちらのラーメン屋に行ってみたいと思うでしょうか。

Ａ「あのラーメン屋、すごくおいしいんだけど、絶対並ぶんだよね」
Ｂ「あのラーメン屋、絶対並ぶんだけど、すごくおいしいんだよね」

伝えていることは同じですが、行ってみたいのはＢのはずです。営業面談でも、同じように情報を出す順番が重要になります。ポジティブ→ネガティブという順番だと、ネガティブな情報に全体の印象が引っ張られてしまい、相手を迷わせることになるので気をつけなければなりません。
先ほどの例のように、ワンセンテンスで、ネガティブ要素とポジティブ要素を言い切るということもテクニックのひとつです。センテンスが切断されると、どうしても印象も分断されるからです。

実際の使い方のイメージはこうです。

まず、頭のなかに相手にとってポジティブ要素となる「結論」のセンテンスを考えます。そして、その結論の前にネガティブ要素をもってくるのです。

結論「目標成果にコミットすることはできます」

←

「仮に成果が低くても返金するとお約束しかねますが、目標成果にコミットすることはできます」

結論「リスクがなければリターンもありません」

←

「確かに簡単な投資ではありませんが、リスクがなければリターンもありません」

結論「少なくとも解決の突破口は開けます」
←
「導入すればすべて解決するわけではありませんが、少なくとも解決の突破口は開けます」

このように、ネガティブ要素を前置きするイメージです。意図的にネガティブ要素とポジティブ要素のコントラストを印象づけることで、クロージングの瞬間に不可欠な期待値の急激なギャップを創り出すことが可能になります。そして、その創り出したギャップが相手の決定動機として作用してくれるのです。時計の針の10時10分の角度のイメージで、瞬間的に下げて上げると、印象のギャップは最大となります。

期待値調整術② 相手の基準を下げる

五感からの情報をきっかけに、特定の感情や反応が引き出されるプロセスを作り出すことを「アンカリング」と言います。このアンカリングを低い位置で行うことで期待値を下げ、ギャップを創る方法もあります。

わかりやすい例は「サプライズ」です。誕生日が近づくと、プレゼントへの期待が高まるものです。誕生日プレゼントでは、この高まった位置に期待値がアンカリングされている、というわけです。そこで誕生日を迎える相手に感動を与えたいのなら、わざと誕生日を忘れたフリをしたり、あえて当日に予定が入ったとウソをついたりして、一度がっかりさせるのです。そのようにして「誕生日を祝ってもらえる」という期待値を下げておいて、当日にプレゼントをすれば、同じプレゼントをするにしてもサプライズ効果を演出することができます。

商談の場合も同様で、相手の期待値がどこにどの程度あるかを知っておくことがポイントです。これはクロージングに向けて期待を大きく裏切る演出をするということを意味します。サプライズ効果を演出できる人は、相手からYESをもらうスキルが高いと言えるでしょう。

LEVEL UP!

営業トークはこう変える アジャストスキル編

欲しがらないフリ

アジャストを行ううえで、常に意識しておきたいのが**「誤解を解くこと」**です。誤解とは、こちらの利害に対する相手の認識です。

ポイントは、欲しがらないフリです。相手から見てあなたが欲しがっていると思われるものを「欲しくない！」とアピールしましょう。かなり強い誤解がある場合は、力説するぐらいでちょうどよいです。

たとえば、プラン提示では高額な自社商品に対して「これは、最初に買うべき商品ではありません」と説明したりします。もっと強く言う場合は「最初に高いものを買ってはいけません! リスクが高まるだけです」などと言い切ります。

繰り返しになりますが、クライアントは基本的に営業マンのことを最初は「ウソつき」だと思っています。より高い商品を売りたいはずと思われているのがふつうです。これはまさに利害衝突の状態ですから、この誤解を解いていく必要があるのです。

では、どこがウソと思われているかというと、ズバリ、あなたの言動です。「そういう利害で動いてるんでしょ!?」という思い込みで、相手はあなたの言動を注意深く見ています。ここであなたの脇が甘いと誤解は解けません。

たとえば、よくあるウソは「御社のために」です。「御社のために」と言いながら、カスタマイズできないパッケージ商品を売ろうとして、「融通がきかず、売りやすい商品を提案しているだけ」と思われるようなケースです。

まずここで重要なのは、言動の一貫性の演出です。すなわちあなたが営業案内にきた動機と、商談での言動の一貫性ということになります。本当に相手の会社のためにというならば、相手の負担になることは自分が肩代わりしてフォローするくらいのサービスの演出は必要です。相手が警戒している様子が見えたら、「価格はわたしの担当です。『要る！』というご判断なら、わたしが上司を口説きます」などと、利害衝突の状態をほどいていくことが重要です。

世の中のあらゆる揉めごとは、この「誤解」が合意の大きな障壁になっています。利害衝突をかわすためには、相手の誤解が解けなければいけません。「ああ、誤解されてるな」と感じたら、すぐに誤解を解くスイッチを入れましょう。

相手の目線を未来に向けさせる

合意形成は、未来に向けて行われますので、未来志向でなければいけません。そこで障壁となるのが、「過去としがらみ」です。

「過去に似たようなサービスを導入したが、うまくいかなかった」

「長い付き合いの取引先とのしがらみでできない」

誰にだって過去もしがらみもありますが、営業マンとしては変えられないものにとらわれていても生産性が上がりません。相手とベクトルを合わせるためには、あくまで「今後どうするか」と、「お互い利益になるか」に焦点を当てていくことが重要です。相手が過去としがらみの話に固執し、そこに商談の焦点が当たっている状態は危険です。過去に起こったことが未来に起こるという思い込みにお互い足をとられているからです。過去に起こったことには原因があります。その原因が未来になければ、繰り返し起こるとはかぎりません。アナリティカルの本音分析ではおおいに過去の話を引き出すのがよいですが、商談がアジャスト段階に入ったら、徹底して未来にフォーカスしましょう。

「仮に……」

「もしこうなれば……」

「どうなったらよいのでしょう……」

これらの言い回しを使って、相手の目線を今より先の未来に向けてもらいましょう。合意で重要なのは「これから」です。相手の未来のイメージが、どうなるかわからないことへの不安を上回り、魅力的なものになっていれば、アジャストが完了している状態です。明るく、淡々と、そしてポジティブに未来志向でアジャストを完了させましょう。

まとめ

これを押さえればベクトルが合う！味方になれる！

- 創造的枠組み転換↓p.158
- 共通の敵でベクトルを強化↓p.163
- 相手の味方スタンス↓p.166
- 期待値調整術↓p.169
- 欲しがらないフリで誤解を解く↓p.174
- 過去としがらみにとらわれるな！↓p.176

第6章

YESをもらう技術

クロージングスキル

CLOSING SKILL

**あなたの考えや経験にあてはまる項目に
チェックを入れてください。**

- □ 相手に「買う」という決断を求めるのは、申し訳ないと思う
- □「この事案は今決めなくてもいいや」と商談相手に逃げられる
- □ クロージング開始のタイミングは、「契約とれそう」と感じたときだ
- □ 商談は、管轄の部署だけを相手に進めていけばよい
- □ 商談相手の不安や疑念は、すべて解決しなければ成約はできないと思う

✕ 前ページの項目にチェックが多く入るほどあなたの理解が間違っていて、あなたは相手からYESをもらえないことを意味します。

決定主体は誰？

いよいよ最後は、「YESをもらう技術＝クロージングスキル」のご紹介です。

まず、あなたに質問です。

「商談の決定主体は誰ですか？」

こう問われれば、「あくまで決めるのは相手です」とみなさん回答するでしょう。

ですが、振り返ってみてください。クロージングで、相手を自分の言葉や営業力で「説得」していませんか？　相手を説得しているようでは、実際の決定主体が相手になっているとは言えないのです。

人は自分で決めたことでなければ動けません。せっかく合意をしてもそのあとに相手が実際に動いてくれなければ、合意に意味はありません。相手が動いてくれるやり方を選ぶ必要があるのです。この点で、「押し（説得）のクロージング」には限界があります。せっかくできた合意に対する相手のコミットメントが弱くなってしまうのです。まずは、このことをしっかりと押さえておきましょう。

前のめりになると負ける

クロージングのタイミングも同じです。決定主体は相手なので、タイミングを決めるのも相手です。クロージングは自然な眠りのように、こちらが気づいたら相手が「あれ？　もう寝たの？」というふうに〝落ちている〟のが理想です。

決めにいくという行為は、眠たくなってきたという相手に「いま寝ましょう！　いまがそのときです。早く！」と迫っているようなもの。相手からすれば「せっかく眠たくなってるのに」ということになりがちです。この失敗に陥りがちなのは、あなたの欲しい契約が目の前にあるときです。契約がとれそうなときほど前のめりになるので注意しましょう。相手主体で合意形成するというスタンスがどうしても崩れやすくなります。

柿は、熟せば自然と落ちます。もう時間の問題なのです。ここで手間や時間を厭《いと》うのは、もったいないと思えなければなりません。むしろ、接点の頻度を増やし、熱が冷めないよう営業の手数を増やすことを意識しましょう。前出の5つのスキルプロセスを経ていれば、ただ相手を待っていたとしても、合意が壊れることは絶対にありません。

クロージングの最大の盲点

「なぜいまやる（導入する）のか？」

この理由を営業マンが設定できていなければ、相手に決める動機は生まれません。賢い相手ほど、「この事案はいま決めなくてもいいや」となって逃げられます。そして、商談のタイミングがよほど良かったという場合を除いて、いまやる理由は、最初から存在するものではありません。ですから、この「いまやる理由」について、相手の話から材料を拾い、イメージを固めていく必要があります。

たとえば、あなたが契約を獲得したい案件がコンペになっていれば、「なぜいまやるのか?」という理由があるサインです。あなたの商談が良かったので、他社の話も聞いてみようかという流れでコンペになっていても同じです。問題は「良い話なんだけど、いまやる理由がとくに見当たらない」というケースです。実際、このケースになることが多いので、クロージングでうまくいかない営業マンが多いのです。

クロージングの勝敗は、この理由をうまく設定できるかどうかにかかっています。これは、クロージングの前提条件なのです。最近、成約したクライアントのことを何社か思い浮かべてください。

「なぜいまやるのか?」

あなたはその理由を言えるはずです。

強い理由をはっきりさせる

では、どのように理由を設定したらよいのでしょうか? 一番ありがちな失敗は、

「せっかくの機会（ご縁）なので」という理由づけです。これは理由になっているようで、なっていません。いつでもいまがそのときと言えますので、理由としては弱すぎると言わざるを得ないからです。他には、「いまであれば実行しやすい」。これもあなたの勝手な都合なので弱い理由の代表例です。

強い理由というのは、「いまでなければダメ」である要素をしっかりと備えています。そういった強い理由がクロージング段階で見えていると、もう決まったようなものです。勝つときの理由は、流れや背景が絡みあって複合的ですが、論理的でもあります。ひとつ、わたしの失敗談を例に挙げましょう。

わたしが会社を創業して6カ月経ったころ、上場企業から大きな受注をしました。当時は、「わたしの熱意に相手が共感したこと」が、「いまやる理由」なのだろうと考えていました。しかし、わたしが担当した面談はたった一回。冷静に考えてみると、熱意が伝わったからといって、そんなに大きな決断をそれだけの理由で上場企業のお偉いさんがするはずがありません。

サービスを導入して1年経過後。成果は上々。会長さまにねぎらいの会食の招待を受けるほどでした。その後、商談を決めてくださった専務に、気になっていたことを尋ねる機会がありました。「なぜあのとき、決めてくださったのですか？」と。

その回答はたったの一言。完全にわたしの想像の範疇を超えるものであると同時に、たったの一言で納得できるものでした。

「派閥だよ。は・ば・つ（笑）」

当時、M&Aで膨張した組織で、買われた会社の社長が専務となっていたとは聞いていました。それを知っていながら、「いまやる理由」について、なぜビッグディールのチャンスでその仮説を立てようとしなかったのか。仮説を立てていれば、すぐにわかったはずです――専務には、どうしても大きな手柄が必要なタイミングだったということが。

その後、専務は続けてこう言いました。

「大きな賭けだったよ。心から信頼している人からの紹介だったというのもあったけど。私が会社を自分でやっていたときは、創業のときが一番、お金の流れをつくるためにがむしゃらに仕事をした。多くの会社が提案にきたが、創業したての会社はキミのところだけだったんだよ」

なんと、わたしの会社を選んだもうひとつの理由は「創業したて」だったのです。

これは、わたしが「なぜいまやるのか？」の設定にこだわるきっかけとなったエピソードです。つまり、とてつもなく大きな取引にもかかわらず、ラッキーパンチだったことがあとからわかり、怖くなったのです。その後、わたしはこの「なぜいまやるのか？」がクロージング前にわかっていないときには「契約にならなくて当然」と思えるようになりました。

より強い理由を求めて、真実に近いものを掘り当てることができるよう商談中に仮説検証を繰り返すことが、最終的な契約への近道となります。なぜなら、決まるときには「なぜいまやるのか？」の強い理由が必ず存在しているからです。

なぜいまやるのかがはっきりしない場合は、（わたしの拙い失敗談のように）こちらから見えていないだけなのです。見えていないと、ひとつ間違えば待っているのは失注です。

眠っている強い理由を見落とすことがないように、まず「なぜ契約になったのかわからない」という状態を怖いものだと思うようにしてください。なぜ契約できるのかわからないのに、営業が「とれる！」と思って「やりましょう！」と押しまくっている、ということほど勝率の上がらない危なっかしい戦いはないのだということをしっかり押さえておきましょう。

クロージングは〝タイミングファースト〟

目の前の相手が、自ら「やってみようかな」と主体的になったときが、クロージング開始のタイミングです。相手からYESをもらう際に、最も間違えてはいけないポイントが、この開始のタイミングです。クロージングは何よりも〝タイミングファースト〟です。

決裁権限が相手にあってもなくても違いはありません。相手が主体的になるかどうかには、3つの要素があります。

①やるべきか、②やりたいか、③できそうか、です。

この3つをそろえることで、相手の主体性は持続可能なものとして完成します。これが、最終合意（約束）の望ましい状態です。3つのうち、ひとつしかない状態で落としにかかると、相手は受動的になってしまいます。順番通り進行していれば、2つ目の「やりたいか」が出てからが、〝落とし〟はじめてよいタイミングです。順番は前後していても構いません。3つのうち、2つがそろってさえいればOKです。あくまで相手主体でGOの判断を行いましょう。

一般的に多い失敗が、自分の感覚をGOの判断基準としているケースです。この案件は成約に近いだろうという思い込みに注意です。「とれそう」という自分の感触に自信のある玄人ほど陥りやすい落とし穴です。

この感触は、前述のようにあなたの前のめり感を助長する危険性があります。また、前のめりなあなたの主体性が、相手の主体性を少なからず奪いかねません。あなたにやる気がありすぎて、相手が引いてしまうようなケースです。

この失敗は、3つ目の「できそうか」を主軸としたクロージング開始判断と似ているようで、まったく異なります。この場合の「できそう」はあなたの「契約ができそう」という感覚になるでしょうが、これでクロージングを進めても、やる気になるのはあなただけで、相手は置き去りになります。重要なのは「相手ができそう」と思うことです。あくまで、相手目線で「この商材は導入すべきで、私はやりたい」となったあとに、「稟議決裁がおりるだろう」＝できそうと思ってもらえるように進める、というのが、クロージングの基本的な流れです。

これはテクニックですが、3つの要素のうち、2つを押さえていれば、3つ目はかなり強めにこちらから押して（説得）誘導したとしても、相手の主体性は維持されます。ですから、3つのうち2つが自然発生するまで機が熟すのを待つ。そして2つが確認できたら、すかさず「GO！」です。

〝返報性〟を活用せよ

「クロージングに入る」と簡単に言いますが、では、具体的には何をすればよいのでしょうか？　ズバリ、「返報性を活用する」ことです。「クロージングに入っていいな」と判断したら、「工数をかけて努力できること」を探すのです。これを習慣づけると、うまく流れをつくれます。

「返報性」とは、平たく言えば、人は何かしてもらうとNOを言いづらくなるという心理的な特性のことです。

たとえば、よくあるのがセミナーの無料開催。これは「役に立つ知識を無料で提供したんだから、商談時間がもらえますよね？」という思惑がある返報性を活用したマーケティングです。そのほかにも、無料診断や、先行プレゼントというマーケティング、車の試乗、人材紹介の候補者面談なども同じです。

営業の入り口段階で使われることが多い手法ですが、実際は、営業のどの段階でも実行可能です。さらに言えば、入り口でやるよりも、クロージング局面で実行するほうが、はるかに効きます。相手から見て、こちらが欲しいもののためにやっているのではなく、相手が欲しいもののためにやっているように見えるからです。

営業マンがよく実践しているのは、アポなしで飛び込んで、資料を置いてくる、というような努力です。この努力の工数のかけ方は正解です。入り口で一生懸命にやれるなら、クロージング局面でできないはずがありません。資料は、他社比較でも、最新実績でも、成果シミュレーションでも、稟議対策資料でも、何でも構いません。要は、手数がかかっているように相手から見えるほど有効に作用します。

もっと言えば、商談に直接関係のない努力ほど効果的に作用します。たとえば、相手の商談とは関係ない困りごとや喜ぶことに対して具体的に有益な情報を提供する、クロージングではないのに上司を連れて行く、役に立ちそうな人を紹介する——というようなことを実践すると、絶大な〝返報性エフェクト〟が発揮されます。

今さらNOと言えない状態に

クロージングでは、相手とゴールを切るタイミングを合わせることもポイントです。そのためには、契約前段階で契約がとれたあとのこと、あなたから見れば、サッカーでいう「アディショナルタイム」にフォーカスして話をすることが大事です。これはそのままクロージング行為になります。

商談で営業マンが欲しいものは契約時点で手に入りますから、ここで試合終了としたいところです。しかし、相手の試合はそこでは終了していません。なぜなら相手にとってはあくまで契約はプロセスでしかなく、契約後に欲しいものが手に入るからです。

ですから、相手の欲しいものが手に入るタイミングまであなたがどんな話を展開すべきか、段取りと道筋が見えてきます。相手の欲しいものが手に入る時点から逆算して、「仮に」という枕詞《まくらことば》でそのゴールまでの相手のTODOを示していくのです。

未来のことについて段取りを説明していくなかで、相手が否定を示さなければ、YESの前提が積み上がっていきます。相手は欲しいものを手に入れるため、積極的に見解を示してくれます。これにより、契約する前提が強まり（クロージングが進行している状態）、相手はやるしかない（ここまできて、今さらNOとは言えない）という状態に自然と追い込まれていくのです。

また、未来の（そのとおりになるとはかぎらない）ことではありますが、相手が欲しいものがあたりまえのように手に入っていく流れを慣れた口調で、まるで予言者のように伝えていくと、相手は安心してくれます。相手が安心して決めることができる状態を整えてあげると親切です。

「アルピーノ・パラドックス」を活用せよ

「誰がいつ決めたのかわからない」

この状態に持ち込むことが、クロージングの決定率を上げます。相手の決定のハードルを下げることができるのです。繰り返しとなりますが、契約を決めることには心理的なハードルがあります。うまくいかなかったら担当者は責められるのです。そのハードルを下げることとは、クロージングのハードルを下げるのと同じことですので、クロージングの決定率には、まさに直撃です。にもかかわらず、「商談相手は、窓口か決裁者！」と限定してしまっている事例を多く見かけます。

ここでご紹介する「アルピーノ・パラドックス」とは、誰も望んでいない決定を下してしまう集団心理の一種です。法人営業の場合、ほとんどの商材で利害関係者は複数存在します。たとえば、プリンターひとつ買ってもらうにしても、償却資産としての財務判断があるでしょうし、現場の事務効率がどれだけ上がるかの検討があるでしょう。現行のプリンター提供会社との契約を切れない特別な理由があるかもしれませんし、出力品質がどれだけ売上貢献するかという観点もあるかもしれません。

これだけでも、大きな会社であれば財務部門・管理部門・購買部門・営業部門に対して導入について確認が必要となります。また、部門で決裁できる金額にも限りがあるので、大きな提案をするときには、必然的に利害関係者は増えることになります。

では、どのようにアルピーノ・パラドックスに持ち込むのか、具体例で説明します。この場合、購買部門に商談に行って、窓口担当から「価格優位性はある」との評価をもらったら、管理部門か営業部門をつないでもらって、プリンターについての業務効率や営業効率上の不満や希望などについてヒアリングを行い、その情報を財務部門に持ち込み、投資価値ありとして承認してもらうのです。

このような流れでクロージングを進めると、管理や営業は「あればうれしいですが、絶対必要とは言ってませんよ」、購買は「価格としては問題ないとの判断はしましたが、購買判断には至っていません」、財務は「購買の価格判断を尊重し、現場の意見に配慮した結果、承認しない理由はありませんでした」となります。つまりこれで、「誰がいつ決めたのかわからない状態」が完成します。

この手法を実行するコツは、2人目（例では3人巻き込んでいます）の利害関係者を商談に巻き込んでいくことです。オーソドックスなやり方では、この例ではプリンターを使って仕事をする人たちを商談に巻き込めるかどうかがポイントになります。

ほかにもたとえば住宅を個人に販売するのであれば、ローンを背負うお父さんと、キッチンにこだわるお母さん、住み心地について利害をもつ子どもたちなど、利害関係者は複数います。場合によっては、おじいちゃん・おばあちゃんも、実家から近いと何かと便利との利害で巻き込むことができるかもしれません。

この手法を活用して、相手の決定ハードルを下げるには、要するに「お父さんだけと商談をしない」ことです。また、できるだけ巻き込める可能性のある利害関係者を多く見つけることが重要ですが、三者が理想です。その三者が三者三様の利害をもっているほうが、より誰が決めたかわからなくなります。

効果の高い三者を選ぶ。これがシンプルかつ有効な流れです。

堀を埋め、手厚いフォロー

相手の疑問や不安をピンポイントで的確に解消できれば、決定ハードルを下げることができます。ただ単に、要件が出そろったので、あとは待っているだけというのでは、相手はいつまで経っても落ちません。押し（説得）などの誘導に代わる方法論が必要です。それが、「堀を埋める」という方法論です。まずは話を整理してできるだけ堀を埋める、そして残った不安に対して手厚いフォローをする。この2段階でＯＫです。

まずは、こちらの説明に対する相手の不安や疑問のなかでもっとも大きなものを洗い出しましょう。

この洗い出しができたら、相手が疑問や不安を感じている領域に、手厚いフォローをします。

業務システムの営業事例で説明しましょう。次の①から⑤の順番で話が進行しているとします。

（「相手の疑問」→あなたの回答）

①「サービス運用のこちらの手間は？」→御社の意思決定のみお願いします。

②「納期に遅れが出る可能性は？」→想定外のことが発生した場合、早期の対策を相談させてください。
③「運用状況の把握は？」→一覧表で、月2回の頻度で報告します。
④「意思疎通はうまくいく？」→運用中は一覧表報告時に必ず確認連絡を入れます。
⑤「報告体制は変えられるのか」→ご懸念があればいつでもご希望ください。

このようなケースでは、相手側は「業務が忙しくて、現状の把握・意思の疎通がうまくいかずに、問題が発生しないか不安に思っている」ということなどが読み取れます。それに対して、こちらは「運用業務で手間はかけさせず、月2回一覧表を送り、確認電話を入れる」と回答しました。

ここで、相手の不安に対して、こちらが完全に解決できると言いきれないのは、①と②です。①は相手の業務量次第、②は現時点で相手もこちらも努力できることがありません。したがって、この2点について協議を重ねても、不安は高まるばかり。つまり、①と②が埋めるべき堀となります。この場合、「①と②についても最大限努力させていただきますが、現時点では、対応策の特定が難しいのではないでしょうか」と伝えるなどして、早急に不安の堀を埋めてしまいましょう。

一方で、自分と相手ができることは、報告の品質と、頻度を上げるということです。つまり、③④⑤がマークすべきゾーンです。③④⑤について、相手の不安が最も払拭できる方法論は何かを考えます。

たとえば、「お邪魔かと存じますが、隔週で30分ご面談時間を設ける、というのはいかがでしょうか？」などと提案するのはどうでしょう？　手厚くフォローの提案を行い、できれば不安を解消したいところです。

仮に提案に対して相手が「うーん。いまいち」との反応でも、報告体制についてあなたがマークし続けていること自体が、相手の安心につながっていきます。このように、堀を埋めて、徹底マーク。これが相手の決定ハードルを下げるコツです。

余談ですが、こうした不安の解消は、相手の決定ハードルを下げるだけではなく、急な横槍による失注予防にも効果があります。失注リスクとなる社内の横槍の内容予測になるだけでなく、横槍に対する相手の不安感を減らしているからです。

また、相手がサービスを導入しないことになっても、不安の払拭で巻き返せることがあります。

「競合のサービスも検討することになった」「現行のまま自社でやったほうがよいのではないかという意見が出た」といったケースでは、他社や自社の実行に対する相手の不安が比較的大きければ、「やはりあなたの提案にのりたい」となる確率が高くなります。費用やスピードなどの定量要素の単純比較で負けているとき、「不安が少ない」という定性的な要素は対抗できるポイントとなりやすいのです。

LEVEL UP!

営業トークはこう変える クロージングスキル編

フット・イン・ザ・ドア

「フット・イン・ザ・ドア」とは、少し開いたドアに足を突っ込んで、徐々に扉をこじ開けていくという意味の話法です。

やり方は簡単で、「相手にYESをもらいやすい要求をする」だけです。普段、わたしたちは放っておくと自分の欲しい大きなYESを相手に迫りがちです。恋愛にたとえるなら、「私と付き合ってくれませんか?」ではなく、「また連絡していいですか?」でYESをもらうということです。営業場面では、「また連絡していいですか?」と聞くわけにはいきませんので、「○○があったら、報告しましょうか?」など聞き方を変えるとよいでしょう。

先ほどのプリンターの例を使って説明すると、次のようになります。

①窓口へ提案：

「使う方がありがたいと思えなければ話になりません。事務・営業のご担当者に簡単なヒアリングをしてもよいでしょうか？」↓窓口ＹＥＳ

②営業部門へ提案：

「いいものだけど高すぎるでは、リスクがあります。購買担当者をつないでもらえませんか？」↓営業部門ＹＥＳ

③購買部門へ提案：

「管理上の問題があるかもしれません。管理部の方に確認してよいでしょうか？」↓購買部門ＹＥＳ

④管理部門へ提案：

「営業・購買の皆様はこういう見解です。管理上、問題ないでしょうか？」↓管理部

門ＹＥＳ

⑤財務部門へ質問：

「財務上、問題ないでしょうか？」→財務部門ＹＥＳ

この流れをつくることで、「買いますか？」→ＹＥＳというあなたの欲しい大きなＹＥＳをもらうことができます。

このようにアルピーノ・パラドックスに持ち込めず、決定主体が１人という場合でも、「フット・イン・ザ・ドア」話法は使えます。たとえば、

印刷品質の営業効果への質問：

「営業提案する場合、美しいカラー印刷の提案書のほうが相手さまも安心するのではないですか？」→ＹＥＳ

印刷スピードへの質問：

「大量の印刷物があるときに、自分の後ろに行列していたら恐縮しませんか？」→Ｙ

ES
印刷コストへの質問：
「カラー印刷のミスプリが使われずに捨てられていたら、もったいないと思いませんか？」→YES

これらのYESは積み上げていくと、「やるべきか」「やりたいか」「できるか」の3要素になっていきます。YESをもらう技術が長けている人は、「これなら相手がYESと言うだろう」というところまで質問を答えやすくしていくのが上手です。つまり、自分が欲しいYESよりも相手が言いやすいYESにフォーカスしているのです。

ドア・イン・ザ・フェイス

次の「ドア・イン・ザ・フェイス」は、最初にわざと大きな要求を否定させて、小さな要求にYESをもらう話法です。これを使うと、相手にうまくお願いをすることができるようになります。コツは、相手が「しょうがないなあ」という気持ちになることです。

たとえば、相手の連絡先を知りたくて、「私と付き合ってくれませんか？」→「NO」→「では、せめてまた連絡していいですか？」と会話を続けても、相手は「しょうがないなあ」とはなりにくいと思います。これはお願いとしてうまくありません。それならまだ、「毎日連絡していいですか？」→「NO」→「3日置きならいいですか？」のほうが「しょうがないなあ」となりやすいでしょう。

同様に、「私と取引してくれませんか」→「NO」→「ではせめて、また連絡していいですか」と続けても、相手は何ら「しょうがないなあ」とはならないと思います。まだ「今後毎日しつこく追いかけ電話してもいいですか？」→「NO」→「では、折り返し（電話）はお願いできますか？」のほうが、相手は「しょうがないなあ」となりやすいでしょう。このように、YESをもらえるかどうかは、相手が「しょうがないなあ」と思えるかどうかにかかっています。

この話法を使えば、極端な話、「相手がその気にさえなれば実現可能なこと」で、お願いできないことはなくなります。お願い上手、甘え上手は営業上手です。その視点で、どんなことに使えるかを思い浮かべてみると、「相手がその気にさえなれば実現可能なこと」は実に多岐にわたります。

たとえば、「決裁者と会わせてくれ」は無理でも、「関係部署につないでくれ」はできるでしょう。「いつまでに返事をくれ」は無理でも、「白黒の連絡をくれ」はできるでしょう。「会社のニーズを教えてくれ」は無理でも、「会社の現状を教えてくれ」はできるでしょう。

このように活用範囲の広い話法ですが、リレーションが希薄な商談の冒頭などにお願いをして相手にYESをもらえないと、商談の主導権を失う恐れがあります。使うタイミングは、リレーションができてきた商談の中盤以降が望ましいと思います。

とくに、189ページで説明した、返報性の効いている終盤での多用が「しょうがないなあ」となりやすいので理想的です。使うタイミングを間違えず、相手がその気にさえなれば「確実に」実現可能なこと、ここに的を絞ると、主導権に影響が及ぶことはありません。

踏み込み実践トーク

クロージング時に、使えば使うほど良いことずくめのセリフを3つ紹介します。

①「どうしましょう（おおまかな話は出尽くしていますが）？」
②「（実はちょっとした）問題がありまして」
③「（もちろん、私では決めかねるので、）進めてよいでしょうか？」

この3つのセリフは、クロージングの踏み込みにとても便利で重宝します。順に説明します。

①「どうしましょう？」→相手に決定を促す

こちらの戸惑いを演出しながら、相手に対してやわらかく決定を促すことができます。姿勢が前のめりでたたみかけるように言うよりも、少し「困ったな。どうしたものか」というつぶやき的に言うイメージです。「稟議のほうはどうしましょう？」「値段はどうしましょう?」「導入時期はどうしましょう?」などと末尾で使うと、相手に決めてほしいことに注意を集中させることができます。

また、枕詞のように前置きで使うと、語気をやわらげる効果が出ます。相手の不安や疑念を払拭したいときなど、セリフのどこかに「どうしましょう?」を入れると、やわらかく相手を決定に向かわせることができます。極端な話、相手の話を受けて「ということは、どうしましょう」と言うだけで、相手の行動や決定を促すことができるのです。

クロージング時には、相手に決定を強いるのに遠慮のようなものを感じ、きつい印象を与えかねないのではないかと言葉がうまく出てこなくなることがよくあります。それは、ビッグディール、落とせない重要商談、手間暇・時間を費やした商談であればあるほどです。そんなときには、このような、さらりと言えてリスクのない、それでいて使用注意点のないセリフを覚えておくと重宝すると思います。

②「(ちょっとした)問題がありまして」→相手に解決案をもらう

このセリフで相手の主体性を高めることができます。実際に悩ましい問題を持ち出すというよりは、相手にとっては取るに足らない問題を選ぶほうが無難です。相手に問題解決を相談するという体裁で解決案をもらう、というやり方です。163ページで説明した、共通の敵を設定するときなどに重宝します。たとえば、このように使います。

あなた「ちょっとした問題がありまして。営業部長さまから、来週から使いたいとの希望が出てしまいまして（実際は担当者の動きが遅いため部長に希望を聞いてある）。ご稟議上ご希望に沿うことは難しいかと」

相　手「そうですね。うちの営業部長に私から順序を踏んで、できるだけ早くすると言っておくよ。稟議さえおりれば、プリンターはどのくらいで納入できる？」

あなた「翌日可能です」

相　手「わかりました」

あなた「お手数をおかけします」

共通の敵を部長とすることで仲間意識が高まり、相談する体裁をとることで相手の主体性や安心感も高まる効果が期待できます。

使うタイミングは、中盤以降が望ましいと思います。乗り気が十分でない商談の冒頭では相手が問題解決に意欲的にならないことがあります。終盤が理想的なのも同じです。山あり、谷ありと、商談をドラマティックにする効果がありますので、商談がビジネスライクに進みすぎて「相手との距離感がいまいち縮まらない！」というときにも積極的に使ってみてください。

ちなみに、②とこれから紹介する③はこちらからのアクションであることがキーポイントですので、電話の用件としても最適です。わざわざそのために電話してきたと相手から見えると、「技アリ！」の効果があります。

③「進めてよいでしょうか？」→相手に安心感を与える

決定主体を尊重するこちらの意思がスマートに表現でき、相手に勝手に話が進むことがないという安心感を与えることができます。「進めてよいですよ」と相手に言われるだろうと推測できる、確認事案を選ぶことがポイントです。たとえば、こんなふうに使います。

あなた　「営業部長さまから納期について問い合わせがありまして。取り急ぎ、確かなことが決まり次第、回答することとさせていただきました。このあいだのお話ですと、2週間後の11月18日が納期だと、御社内で稟議書を上げるのに余裕をもつことができるかと存じますが、それで当方の準備を進めてよいでしょうか」

相　手　「大丈夫だと思いますよ。万が一、稟議が遅れそうなときには、私から営業部長に話しておくよ」

あなた　「すみません。それでは納入準備を進めておきます」

このように、表現のなかで「あなたのGOをいただけないと、進められない」という意思表示が伝わるとうまくいきます。

このトークを、今まさに相手に決定してもらう、〝そのとき〟にぜひ使ってください。

人は自分で決めたことでなければ動けない。この段階では、もはやあなたは相手の答えはYESだと確信しているでしょう。あなたの欲しい契約が手に入る瞬間です。決して売りつけたのではない、相手と一緒に買えた営業の充実感を、相手と心から分かちあえた喜びを存分に味わってください。まさに〝そのとき〟、互いの自由意思による約束として、合意形成が完成します。

まとめ

これを押さえればYESをもらえる！成約できる！

- YESのもらい方↓p.187
- 決定ハードルを下げる↓p.195
- フット・イン・ザ・ドア↓p.200
- ドア・イン・ザ・フェイス↓p.203
- 踏み込み実践トーク↓p.206

おわりに

営業マンのための合意形成術、いかがだったでしょうか？

最後に、良くも悪くも利用できる「破邪《はじゃ》の剣《つるぎ》」とも言える合意形成術のモラルについてお話しします。

合意形成が当事者双方の利害にフェアに行われているかは、当事者のモラルに委ねられています。交渉は裁判ではありませんから、どういう合意に至ったとしても、ほとんどのケースでフェアかどうかを判断する第三者は存在しません。

では、フェアかどうかを一体誰が決めるのでしょうか？

それは、あなたの良心しかないのです。実際のところ、自己利害の塊のようになって力任せに勝ちにくる相手は少なくないのが実情です。年々増えている印象もあります。ですが、それでは、ビジネス社会に不公正が広がってしまいます。この危機感を胸に、わたしは交渉の専門家をやってきました。

現代では、「どうしても納得できない。悔しい！」と激昂しても、もちろん相手に殴りかかるわけにはいきません。話し合いで、お互い納得するしかありません。そして、殴り合いの喧嘩でも、言葉による話し合いでも、力で押し切ろうとする人に出会うことに、あまり変わりはないように感じるのです。

力任せに交渉する人は、なんらかの背景で自分の都合を押し通さねばというプレッシャーに押しつぶされ、相手に妥協を強いるわけですが、その自覚がないことがほとんどです。

そのような相手に「あなたのために」と話し合いに臨んでも、こちらは不利になりがちです。まして、自らが変わることで相手の利害を見つめようとし、自分との利害のバランスを考える、そのような高いモラルで合意を形成しようとするなら、なおさらのことです。

こうした相手に、力で押し切られないように正しく対抗するための強い力が必要です。そして、高いモラルをもつ人ほど強力な話し合いの力を身につけ、相手の暴走を抑えていくことが、（大仰にいえば）世界を明るくするのではないか、そう思うのです。

ですから、高いモラルをもつ人ほど話し合いの「破邪の剣」をもっていただきたい。そんな思いが、この本を執筆する大きな動機・支えとなりました。これで、ビジネス社会がもうちょっとフェアにならないか、と。

最後に、この本をプロデュースしていただいた編集企画CATの中村実さま、末澤寧史さま、池田佳世子さま、そしてパーソナルブレーンの橋本社長、ビジネスエージエンシーのたかしまよしおさま、日本交渉協会の安藤常務理事。この方々がいなければ、一行としてこの本が書かれることはありませんでした。本当にありがとうございます。

また、わたしの初の著書を刊行していただいた幻冬舎の皆様にも厚く御礼を申し上げる次第です。

２０１９年12月

鷹尾　豪

〈著者プロフィール〉
鷹尾 豪（たかお・たけし）
交渉実践の専門家。1978年生まれ。神戸大学経済学部を卒業後、企業勤務を経て株式会社ギブ・スパイラル・ジャパンを設立。現在、代表取締役。一般社団法人日本なりきりマネジメント協会代表理事も務める。営業交渉、M&A交渉、労使交渉、相続交渉などが専門。日本に200名しかいない、日本交渉協会の難関資格である交渉アナリスト1級保有者。

株式会社ギブ・スパイラル・ジャパン　http://www.give-spiral.co.jp/
一般社団法人日本なりきりマネジメント協会　http://narikiri.or.jp/

「この人から買いたい！」と思わせる技術
契約率・売上を倍増させる合意形成力 虎の巻

2019年12月10日　第1刷発行

著　者　鷹尾 豪
発行人　見城 徹
編集人　福島広司

GENTOSHA

発行所　株式会社 幻冬舎
〒151-0051　東京都渋谷区千駄ヶ谷4-9-7
電話　03(5411)6211(編集)
03(5411)6222(営業)
振替　00120-8-767643
印刷・製本所　株式会社 光邦

検印廃止

ISBN978-4-344-03547-8　C0095
幻冬舎ホームページアドレス　https://www.gentosha.co.jp/

この本に関するご意見・ご感想をメールでお寄せいただく場合は、
comment@gentosha.co.jpまで。